www.tredition.de

AF203969

Vorwort

Wir leben heute in einer Zeit, in der uns vieles selbstver-
ständlich vorkommt, das freie Reisen, Studieren und Arbeiten in anderen Ländern, Telefonieren und Skypen in und
aus allen Teilen der Welt, aktuelle Nachrichten und Supermärkte mit vollen Regalen. Doch das war nicht immer
so!

In diesem Buch beschreibe ich mein Leben mit den gesellschaftlichen Veränderungen die ich erlebt habe, und die
Jahre des Studiums in der damaligen Sowjetunion.   Im
Rückblick waren es erlebnisreiche Jahre, die viele Erinnerungen hervorrufen, aber auch den Jugendlichen ein Verständnis für die Vergangenheit zeigen soll.

Danke an meine Frau Evelyn Heller-Zobel. Sie ermunterte
mich das Erlebte festzuhalten, da sie selber ein Buch geschrieben hatte. Herzlichen Dank an meine Korrekturleser
Linda Heller, Franziska Bondzey und Christel Weiß, die
mir halfen Fehler aufzuspüren.

Zusätzliche Informationen mit den Bildern aus dem Buch,
in besserer Auflösung und zum Teil in Farbe, finden Sie auf
den Internetseite: **www.sowjetparadies.de**

Michael Zobel

Michael Zobel

Sowjetparadies

Erzählungen aus drei Gesellschaftssystemen

www.tredition.de

© 2016 Michael Zobel

Verlag: tredition GmbH, Hamburg

ISBN
Paperback: 978-3-7345-2683-1
Hardcover: 978-3-7345-2684-8
e-Book: 978-3-7345-2685-5

Printed in Germany

Sowjetparadies

1. Kindheit am Rande Berlins

Nachkriegszeit

Es war 1948 mein Geburtsjahr, der 2. Weltkrieg war gerade mal drei Jahre vorbei. Meine Eltern hatten diese schwere Zeit recht gut überstanden. Meine Mutter hatte bis 1936 bei einem jüdischen Betrieb als Sekretärin gearbeitet. Als diese dann in die Schweiz nach Davos emigrierten, erhielt meine Mutter ihre Schreibmaschine als Abschiedsgeschenk. Meine Mutter hatte noch viele Jahrzehnte Kontakt zu dieser Familie. In den 50er und 60er Jahren erhielten wir einmal im Jahr ein Paket aus der Schweiz mit Kakao, Kaffee und Schokolade, alles Sachen, die es in der DDR nur selten oder gar nicht gab.

Mein Vater, 1910 geboren, war Schriftsetzer, ein Beruf den es heute nicht mehr gibt. Um Zeitungen und Bücher zu drucken, mussten die Wörter aus Buchstaben, die in Blei gegossen waren, zusammengesetzt werden. Es musste ein Schriftbild erstellt werden, mit dem man anschließend drucken konnte.

Er arbeitete aber schon bald als Werbeberater und sorgte für Anzeigen von Firmen in den Zeitungen und Zeitschriften. Da er einen Buckel hatte, wurde er ausgemustert und wurde von der Wehrmacht im Krieg nicht eingezogen, sondern musste nur Ersatztätigkeiten wie Brandwache in seiner Arbeitsstelle in Berlin halten.

In den 30er Jahren baute meine Oma mit Ihrer Schwester ein Zweifamilienhaus in Mahlsdorf, einem Ortsteil von Berlin am östlichen Rand. Das Grundstück hatte mein Urgroßvater schon 1910 gekauft, als das Gebiet neu besiedelt wurde. Dort wohnten meine Eltern. Diese Gebiete wurden im Krieg nicht direkt bombardiert, aber die Bomber haben dann übrig gebliebene Bomben dort abgeworfen, so wäre das Haus fast abgebrannt, aber eine Brandbombe ist im Haus stecken geblieben und hatte sich nicht entzündet.

Der Keller war als Luftschutzraum vorgesehen, die Fenster konnte man mit dicken Betonplatten von außen zuschieben und an der Wand stand noch viele Jahre die Aufschrift: Luftschutzkeller für 18 Personen.

Mitten im Krieg 1944 wurde mein Bruder Harald geboren. Meine Mutter wurde außerhalb Berlins nach Buckow gebracht, um nicht den ständigen Bombenangriffen als Hochschwangere ausgesetzt zu sein. Als die Russen im April 1945 Berlin eroberten, bewahrte das meine Mutter vor Vergewaltigungen, da Mütter mit kleinen Kindern meist in Ruhe gelassen wurden. Später quartierte man zwei sowjetische Offiziere in einer Wohnung ein, da trauten sich die einfachen Soldaten nicht mehr hin.

Wichtige und teure Sachen vergruben meine Oma und meine Eltern vor der Besetzung im Schuppen, so auch die geschenkte Schreibmaschine aus dem jüdischen Besitz.

Mein Vater arbeitete bis 1958 als selbständiger Werbeberater für verschiedene Verlage. Dann wurde die DEWAG-Werbung gegründet, und mein Vater musste dort anfangen zu arbeiten, selbständige Werbeberater gab es nicht mehr.

Meine Mutter war bis Anfang der 60er Jahre zu Hause, was damals durchaus üblich war, und so hatte ich eine angenehme Kindheit. Unser Garten (1200 m²) war kein Erholungsgarten wie heute, sondern ein Nutzgarten, es standen überall Obstbäume, an den Rändern Stachel- und Johannisbeeren, die ich dann zu meinem Leidwesen pflücken musste.

Außer 20 m² Rasen und einem Betonweg waren überall Beete. Das war auch dringend notwendig in den 40er und 50er Jahren, denn die Versorgung der Bevölkerung erfolgte über Lebensmittelkarten, die waren nur knapp bemessen und wurden erst 1958 abgeschafft.

Aber auch danach war es nicht viel besser. Jede Familie musste sich dann in einem Lebensmittelladen anmelden und man bekam eine Nummer. Beim Einkaufen musste man diese Nummer sagen und in einem Buch wurden die rationierten Waren wie Butter abgehakt. So hatten wir aus dem Garten immer Obst und Gemüse, Äpfel lagerten bis zum Frühjahr im Keller und aus den besagten Beeren wurde Saft und Sirup gekocht.

Ich spiele als Kind Soldat

Ich war immer draußen im Garten und streifte durch die Gegend. Autos gab es fast keine und so konnte man zum Beispiel auf der Betonstraße vor dem Haus gefahrlos Rollschuh fahren. Ich hatte Rollschuhe mit Stahlrollen, die ordentlich Krach machten. Dabei fand ich dann auf einem leeren Eckgrundstück einen sowjetischen Stahlhelm, den ich mit einem alten Hut und Watte auspolsterte und damit im Garten Soldat spielte. Die teuren Einweckgummis aus dem Westen missbrauchte ich für den Bau von Katapulten und Gewehren.

Meine Oma war natürlich entsetzt, wenige Jahre nach dem Krieg wollte man so etwas nicht mehr sehen. Aber ich kannte ja als Kind nicht die Schrecken des Krieges.

Einmal im Jahr sind wir für 2 Wochen in den Urlaub gefahren. Mein Vater hat fast immer eine Reise organisiert, meist über das Reisebüro der DDR, denn Reisen über den FDGB, den Freien Deutschen Gewerkschaftsbund, der Einheitsgewerkschaft, waren sehr knapp.

Meine Eltern und ich in Ahlbeck

Solch eine Reise zu organisieren gelang ihm 1958 nur einmal, in einem neuen Ferienheim nach Ahlbeck an die Ostsee. Ansonsten waren wir meist in Thüringen oder dem Erzgebirge. Für eine Familie gab es immer nur ein Zimmer, so wohnten wir zu Viert in einem Zimmer, die Toilette war auf dem Flur und gewaschen wurde sich im Zimmer mit einem Krug kaltem Wasser.

Mit 5 Jahren lernte ich schwimmen in der Schwimmhalle in Lichtenberg. Da mein Vater einen Buckel hatte und ich auch schon immer etwas krumm lief, verschrieb mir der Orthopäde das "Orthopädische Schwimmen". Dadurch konnte ich schon sehr früh alleine baden gehen, da ich ja schwimmen konnte. Die erste Zeit war allerdings für mich nicht so schön, das Wasser im Nichtschwimmerteil war für ein Kind immer noch sehr tief, und so hatte ich jedes Mal Angst zum Schwimmen zu gehen. Die Schwimmlehrer gingen nicht immer sanft mit einem um.

Mein Bruder Harald und ich

Das beobachtete ich später beim Schulschwimmen. Wer da Angst hatte ins Wasser zu springen wurde auch schon mal hineingeschubst. Den Schwimmsport habe ich in einem Verein später weiter betrieben und schwimme noch heute jede Woche Tausend Meter.

2. Schulzeit

Mittelschule in Mahlsdorf

1955 wurde ich eingeschult in die 18. Mittelschule Berlin-Mahlsdorf. Die Schule war von zu Hause 3,5 km entfernt. Meine Mutter brachte mich in der ersten Woche jeden Tag hin und holte mich wieder ab. Danach fuhr ich im Sommer mit dem Fahrrad und im Winter mit der Straßenbahn zur Schule. Wenn ich heute sehe, wie Kinder jahrelang von den überbesorgten Eltern jeden Tag mit dem Auto wenige Hundert Meter zur Schule gefahren werden, kann ich nur meinen Kopf schütteln.

In der DDR gab es ein einheitliches Schulsystem. Alle Kinder gingen bis zur 10. Klasse gemeinsam auf die Polytechnische Oberschule. Nur Einzelne, die sehr schlechte Leistungen hatten, konnten die Schule nach 8 Jahren verlassen. Nach der 8. Klasse wurden nur wenige zur erweiterten Oberschule zugelassen, wo diese dann ihr Abitur nach 12 Jahren ablegten.

Die Plätze waren rar, im Berliner Stadtbezirk Lichtenberg mit den Ortsteilen Mahlsdorf, Kaulsdorf, Biesdorf und Hellersdorf gab es nur eine erweiterte Oberschule in Lichtenberg.

Die Schule bereitete mir keine Probleme, aber ich hatte ein anderes Problem, das Stottern.

Wenn ich aufgerufen wurde, brachte ich oft die Wörter nicht heraus und hatte deshalb immer davor Angst. Auf Initiative meines Bruders gingen meine Eltern mit mir zu einer entsprechenden Beratung und danach hatte ich bis zum Schulabschluss eine Behandlung bei einem ausgebildeten Arzt in einem Schulgebäude in Lichtenberg. Dort lernte ich das autogene Training und konnte dann unter dieser Art der Ruhigstellung fließend sprechen. Es brauchte jedoch noch viele Jahre, bis ich das Stottern überwunden hatte. Es gab immer wieder Situationen, in denen ich aufgeregt war, deshalb litt ich auch immer unter Prüfungsangst.

Das Leben in den 50er und 60er Jahren

Als Kind bin ich sehr viel Fahrrad gefahren, nach Abschluss des Abiturs hatte sich der Kilometerzähler an meinem Fahrrad genullt, ich war also schon 10.000 km gefahren. Das wirkte sich noch später auf meine Kondition aus, ich konnte und kann auch heute noch lange laufen und auch lange stehen ohne Beschwerden.

Mit meinen Schulfreunden trafen wir uns nachmittags, allerdings erst nachdem ich zu Hause Mittag gegessen hatte und die Hausarbeiten erledigt waren, darauf achtete meine Mutter streng. Die Verabredungen mit den Schulfreunden gingen auch ohne Handy und Telefon, denn so etwas gab es nicht, für unsere heutigen Kinder unvorstellbar. Telefon, also ein schwarzes Gerät mit Hörer und Wählscheibe von der Post, hatten nur sehr wenige.

1959 hatte mein Vater das Glück einen Telefonanschluss zu bekommen, obwohl er nicht im Staatsdienst arbeitete und auch nicht linientreu war. Dadurch dass mein Vater dienstlich immer in Berlin unterwegs war organisierte er alles, von Konzertkarten bis zu Geräten, die es ansonsten kaum gab. Dabei nutzte er auch die Verbindung zu seiner Kundschaft. So hatten wir seit 1961 den ersten Kühlschrank, eine Lizenzproduktion von Bosch aus Jugoslawien.

Da meine Zähne etwas schief standen, musste ich zur Kieferorthopädie in die Charite gehen. Diese lag in Berlin direkt an der Sektorengrenze vom Ost- zum Westteil. So fuhr ich mit der S-Bahn bis zum Lehrter Bahnhof, dem heutigen Hauptbahnhof, eine Station hinter Friedrichstraße und lief dann über die offene Sektorengrenze zur Charite. An der Grenze standen zwei Volkspolizisten, die aber nur gelegentlich Leute kontrollierten. Anschließend fuhr ich oft bis zum Bahnhof Zoo und ging in das AKI, ein Tageskino, das die aktuellen Wochennachrichten und einen Film immer fortwährend den ganzen Tag über zeigte. Für Ostler war der Eintritt frei, und da wir noch keinen Fernseher hatten, war dies eine willkommene Abwechselung.

Nach dem Mauerbau musste ich dann bis Friedrichstraße fahren und ab dort mit dem Bus. Der Grenzübergang war hoch gesichert und zum Charite Gelände musste ich einen anderen Eingang benutzen, mit dem AKI war es jetzt auch vorbei.

Mein Bruder und ich hatten eine Modelleisenbahn von PIKO in Ho. Diese bauten wir immer mehr aus, so dass die Bahn dann auf einer großen Platte aufgebaut wurde und in einem wenig genutzten Zimmer der zweiten Wohnung stand, in der meine Oma und meine Tante wohnten. Es wurde alles fest verdrahtet und an ein Steuerpult angeschlossen mit Schaltern für Puppenstuben. Mit zwei Trafos konnten auch zwei Züge gleichzeitig fahren. Das waren meine ersten Versuche die Technik zu verstehen, Drähte zusammenzulöten, Löcher zu bohren und Modellhäuser zusammenzukleben.

Außerdem standen im Keller und im Gartenschuppen ein Tisch mit einem Schraubstock und alten Feilen, Hämmern, Schraubenziehern, Bohrern und Schlüsseln, also alles was ich so gebrauchen konnte. Mein Vater war handwerklich nicht sehr begabt, er arbeitete zwar gerne im Garten und schaffte auch mal einen Nagel in die Wand zu bringen, wenn es notwendig war, aber dann hörte es auch schon auf. Mein Bruder hatte auch nicht so viel Interesse an dem alten Werkzeug, und so hatte ich dies alles für mich allein.

Die Großeltern eines Schulkameraden wohnten im Erzgebirge. In einem Winter fuhr ich mit ihm mit und wir wohnten in einem kleinen Dorf mitten im Schnee. Es fiel immer noch mehr Schnee, so dass die Straßen nur noch Schneisen waren zwischen den Schneehaufen. Meine Tante aus Westberlin hatte mir alte Ski mitgebracht, die schon mit Konservenblech geflickt waren. Das waren immer Universalski aus Holz und die Bindung passte zu Skischuhen aus Leder mit einer eingefrästen Rundung im Hackenabsatz. Ski für Langlauf und Abfahrt gab es noch nicht. Damit diese auch gut rutschten, gossen wir flüssiges Parafin von Kerzen auf die Laufsohle und machten mit diesen Skiern die Gegend unsicher.

Die Großeltern wohnten in einem typischen Haus der Gegend. In der Küche gab es einen Küchenherd, der immer geheizt wurde. Dadurch war es dort sehr warm. Alle anderen Räume im Haus waren kalt. Wir schliefen im Obergeschoss unter sehr dicken Federbetten. Diese wurden vor dem Zubettgehen mit warmen Ziegelsteinen etwas erwärmt. Meine Armbanduhr, die ich auf den Nachtschrank legte, ging dann morgens 5 Minuten nach, das Öl war bei den Minustemperaturen fest geworden.

Die Küche war auch gleichzeitig Arbeitsplatz. Es wurden Pinsel, Bürsten und Handfeger in Heimarbeit hergestellt, was auch typisch für diese Gegend war. Für uns Kinder war es ein wunderschöner Urlaub, den ich bis heute nicht vergessen habe.

Mauerbau

Mein Vater organisierte, wie schon erwähnt, jedes Jahr eine Reise, und so waren wir im August 1961 in Feldberg an einem See der Mecklenburger Seenplatte. Am 13. August erzählten uns die Vermieter, dass man in Berlin die Grenze zugemacht hat. Wir hörten sofort Radio und tatsächlich schloss man die Grenze, wir waren entsetzt, dachten allerdings noch, dass man weiterhin nach Westberlin fahren konnte aber kontrolliert mit einer Genehmigung. Dass man die DDR-Bürger 28 Jahre einsperren würde, war für uns nicht vorstellbar.

Mein Bruder war Klassenbester in der 8. Klasse, aber er durfte nicht zur erweiterten Oberschule, um das Abitur zu machen, da mein Vater Angestellter war und kein Arbeiter. So war das zu Ulbrichts Zeiten, der Sohn eines Arztes durfte nicht Medizin studieren, um Arzt zu werden, das sollten immer Arbeiterkinder sein, die gar keinen Bezug zu solch einem Beruf hatten. Natürlich sollte man auch die Arbeiterkinder fördern, aber doch nicht so. Deshalb begann er nach der 10-jährigen Schulzeit die Ausbildung in Westberlin bei der AEG, die mit einem Fachschulstudium an der Beuth-Schule kombiniert war.

Mein Bruder wollte am liebsten sofort nach Berlin fahren, um noch zu versuchen in den Westen zu kommen. Meine Eltern konnten ihn davon abhalten und so blieben wir noch eine Woche in Feldberg und fuhren Ruderboot auf den vielen Seen. Die Urlaubsstimmung war allerdings nun getrübt.

Als wir wieder zu Hause ankamen, begrüßten uns meine Oma und meine Tante sofort im Hausflur und waren auch völlig entsetzt von dieser Maßnahme Ulbrichts. Der Hohn war dann die völlig abartige Bezeichnung für eine Mauer, mit der man die eigene Bevölkerung einsperrte: "Antifaschistischer Schutzwall". In der Bundesrepublik gab es genauso keinen Faschismus mehr wie in der DDR.

Natürlich war die DDR am Ausbluten, wenn jeden Monat 30 Tausend Menschen das Land verließen. Die Menschen gingen zu damaliger Zeit aber nicht nur aus wirtschaftlichen Gründen, denn die Löhne in der Bundesrepublik waren da noch nicht viel höher als in der DDR und Wohnraum war auch knapp, es waren oft politische Gründe. Wenn man in den 50er Jahren einen politischen Witz über Ulbricht erzählte und dafür angezeigt wurde, kam man für ein halbes oder ein Jahr ins Gefängnis. Nach der Haftentlassung sind dann fast alle in den Westen gegangen und waren später froh nicht geblieben zu sein, da es ihnen im Westen dann viel besser ging. In den 70er Jahren unter Honecker änderte sich dies, man konnte auch im Kollegenkreis politische Witze erzählen, ohne dass etwas passierte.

Mein Bruder musste sich nun eine neue Ausbildungsstätte in der DDR suchen. Mein Vater war da natürlich sofort behilflich und fand das Wälzlagerwerk Lichtenberg in der Josef-Orlopp-Straße. Das Werk war erst gerade neu aufgebaut worden, und mein Bruder bewarb sich dort zur Lehrausbildung. Da dies ein sozialistischer Musterbetrieb war, wurde ihm mitgeteilt, dass er als Grenzgänger dort nicht anfangen kann, man wollte nur politisch einwandfreie Jugendliche ausbilden. In meinem späteren Berufsleben hatte ich in der Produktion dieses Betriebs öfters zu tun, die Halle war nicht sehr hoch, die Luft durch Ölnebel und Kühlmittel verpestet, Schuhsohlen lösten sich auf dem ölverschmierten Betonfußboden auf. In den darunter liegenden Garderoben waren überall Konservendosen aufgehängt, die das durchlaufende Öl auffangen sollten. Das zum Zustand eines sozialistischen Musterbetriebes. So fing mein Bruder die Lehre als Feinmechaniker in einem privaten

Kleinbetrieb an. Später durfte er dann noch studieren und als sozialistischer Leiter Karriere machen.

Als Kind bin ich getauft worden, das war durchaus üblich zu dieser Zeit, und so ging ich in der Schule zum evangelischen Religionsunterricht, später zum Konfirmandenunterricht und wurde 1963 konfirmiert. Der Konfirmandenunterricht war langweilig und einen echten Glauben hatte ich nie. Aber die Hälfte der Klasse wurde konfirmiert und so ging ich regelmäßig zur Jungen Gemeinde. Wir hatten in einem Anbau am Pfarrhaus einen großen Raum im Keller mit Tischtennisplatte und führten immer interessante Diskussionen. Das war für viele die eigentliche Jugendorganisation und nicht die FDJ, in diese bin ich auch erst später zwangsweise eingetreten. Dort gab es keine freien Diskussionen sondern nur ein Nachbeten der Parteiparolen.

Konfirmation 1963

Dafür musste man an der staatlich organisierten Jugendweihe teilnehmen, wenn man später keine Nachteile einstecken wollte. Diese fand in einem Kulturhaus statt mit den üblichen politischen Reden, dem Singen der Nationalhymne, und es gab das Buch "Weltall, Erde, Mensch", in dem auch Havemann, der später in Ungnade fiel, einen Artikel geschrieben hatte. Gefeiert wurde die Jugendweihe nicht, da die Feier mit der Konfirmation stattfand.

Jugendweihe 1963

In der Schule hatte ich immer besonderes Interesse für Physik, Mathematik und Chemie. In den anderen Fächern hatte ich auch keine schlechten Noten, aber es waren für mich reine Lernfächer. Ein Gedicht auswendig zu lernen war immer eine Qual und vier Wochen später hatte ich auch schon alles wieder vergessen. In der kleinen Bibliothek in Mahlsdorf lieh ich mir fast nur Bastelbücher aus, das war mein Leben. Spannende Kinderromane habe ich auch hin und wieder mal gelesen.

Obwohl an Computer damals nicht zu denken war, wusste ich schon, dass sich eines Tages die Rechtschreibung selber korrigieren würde. Schon damals war ich ein ausgesprochen technisch geprägter Mensch, baute schon als Kind ein Detektorradio, um mit Kopfhörern Musik zu hören, oder verkabelte die Wohnung, um auch in meinem Zimmer die Sendungen des Röhrenradios aus dem Wohnzimmer mitzuhören.

Nachdem meine Eltern ein Tonbandgerät gekauft hatten, wurde regelmäßig Musik aufgenommen. Zuerst überspielte ich von einem Schulfreund meines Bruders Rocktitel, die dieser bei AFN, dem Sender der amerikanischen Truppen in Westberlin, aufgenommen hatte. Dann kam ja die Zeit der Beatles und Stones, diese Musik prägt mich noch heute.

3. Berufsschule mit Abi

Funkwerk Köpenick

Nachdem ich 10 Jahre auf der Polytechnischen Oberschule verbracht hatte, wollte ich etwas Praktisches lernen. Mein Vater besorgte mir eine Lehrstelle als Elektromechaniker im Funkwerk Köpenick. Das Funkwerk Köpenick war Hersteller von Großsendern für Radio und Fernsehen, sowie von Schiffsendern und anderen elektronischen Ausrüstungen für den Schiffbau. Innerhalb von drei Jahren konnte man hier einen Beruf lernen und gleichzeitig das Abitur ablegen, für mich genau das Richtige. Die meisten allerdings wollten nur das Abitur, um studieren zu können, der Beruf war ihnen schnuppe. Auf die erweiterte Oberschule hatten sie es nicht geschafft, da die Noten zu schlecht waren oder da die politische Gesinnung nicht stimmte. Man musste wenigstens in der FDJ sein und dann spielte auch die Abstammung eine Rolle. So fand sich hier eine bunte Mischung der DDR-Gesellschaft wieder. Unser Lehrer für Geschichte, Ökonomie und Philosophie war ein im Krieg abgeschossener Jagdfliegerpilot. Bei der Auswertung des Schnitzlerschen Schwarzen Kanals merkte man, dass er auch die Originalsendungen im Westfernsehen kannte. Er betrachtete diese Fächer nicht als Einzelfächer, sondern stellte immer Verbindungen zwischen ihnen her, und erklärte uns sehr gut die gesellschaftlichen Zusammenhänge. Das war außergewöhnlich und wir haben sehr viel über die gesellschaftlichen und ökonomischen Prozesse kennen gelernt. Vieles davon habe ich erst nach 1990 verstanden, denn die Lehren von Karl Marx waren eine präzise Analyse des kapitalistischen Systems. Nur seine Schlussfolgerungen daraus funktionierten nicht im realen Sozialismus. Der Mensch war nicht so ideal wie sich das Karl Marx vorgestellt hat, der Mensch ist ein Lebewesen, das immer aufs Überleben und seinen Vorteil bedacht ist. Die Träumereien vom Kommunismus entstammen nur von Idealisten, die Masse der Menschen denkt aber anders.

Berufsausbildung

In der Berufsausbildung als Elektromechaniker lernten wir Drehen, Fräsen, Hobeln, Bohren, Stanzen und natürlich auch wie man den Gütekontrolleur beschubst, wenn das Passmaß der Bohrung zu groß geworden war. Alle hatten eine Stahlkugel aus einem Kugellager in der Tasche und mit einem kleinen Schlag stimmte die Bohrung, jedenfalls ging das Ausschussmaß nicht hinein. Auf den Materialkarten stand immer "Meine Hand für mein Produkt", da wären wir wohl alle Invaliden geworden.

Danach wurde das Löten gelernt. Da ich schon zu Hause einen Lötkolben hatte, dachte ich, dass ich das schon kann, aber weit gefehlt. Zuerst wurde aus Kupferdraht ein Gitter gelötet, das Zinn durfte nicht verbrannt sein und musste glänzen und glatt sein. Der Lehrmeister prüfte unsere Wunderwerke, indem er mit zwei Zangen versuchte die Lötstellen auseinander zu ziehen, dann waren sie nicht richtig verlötet, man sprach von einer kalten Lötstelle. Später bauten wir richtige Netzteile für Schiffssender. Da musste alles montiert und zusammengelötet werden. Man kann sich vorstellen was passieren konnte, wenn dort kalte Lötstellen waren und solch ein Schiffssender ausfiel.

Hier gab es neckische Spielchen, indem die Lötkolbenspitze herausgeschraubt wurde und dafür Kolofonium und Lötzinn hineinkamen. Anschließend war man froh, kein flüssiges Zinn in den Kragen bekommen zu haben und es qualmte wie nach einer Schlacht. Als dann der Lehrmeister auftauchte, ließ er die Fenster schließen und wir mussten eine Stunde in dem Qualm sitzen. Danach hatten wir keine Lust mehr auf solche Spielereien.

Die Lehrwerkstatt im Funkwerk Köpenick war sehr gut ausgestattet. Im Fach "Schalten, Prüfen, Messen" hatten wir ein Labor mit allen notwendigen Messgeräten, in dem jeder Lehrling einen Messaufbau selber aufbauen musste. Anschließend wurde ein Protokoll geschrieben, das der Lehrer jedes Mal bewertete. Hier wurde anschaulich gelehrt, das waren technische Grundlagen, die man sein Leben nicht mehr verlernt.

Ferien im Erzgebirge und an der Ostsee

Im Winter fuhren wir eine Woche in die Jugendherberge unter der Sprungschanze des Fichtelberges. Das war natürlich toll, jeden Tag Skifahren und abends gab es lustige Spiele mit den Mädels, den Technischen Zeichnerinnen.

Winterurlaub am Fichtelberg

Da war zum Beispiel das Liebesspiel, bei dem man die Aufgabe hatte, einen Jungen und ein Mädel so zu positionieren, dass sie wie ein Liebespaar aussahen. Was derjenige aber nicht wusste, anschießend musste er dieselbe peinliche Position einnehmen, die er den anderen zugemutet hatte, zum Gaudi der Zuschauer. Die Schlafräume waren allerdings streng getrennt und wurden von den Lehrern bewacht. Es freundeten sich allerdings einige an, und daraus wurden langjährige Beziehungen.

Im Sommer fuhren wir nach Rostock zur "Ostseewoche des Friedens". Hier schliefen wir in einer Schule auf Luftmatratzen. Außer einer offiziellen Veranstaltung, bei der wir den Hauptmann von Köpenick nachspielten, unser Klassenlehrer war der Hauptmann und wir die Soldaten, trampten wir jeden Tag nach Warnemünde und legten uns an den Strand.

Der Hauptmann von Köpenick mit seiner Garde

Abends gab es dann ein Livekonzert. Unsere Klassenband "the Gentlemen", Melodie-, Rhythmus-, Bassgitarre und Schlagzeug a'la Beatles und Stones, spielte alles nach was gerade so in war, jedenfalls erkannten wir als geübte Hörer die Stücke. Als eines Tages ein Engländer den Gesang unserer tollen Band hörte, fragte er uns in welcher Sprache die singen. Die Verstärker waren alte Röhrengeräte vom Werksfunk und die riesigen Boxen gaben dann 2 x 50 Watt ab. Da können die Kids heute nur lachen, so was ist doch in jedem Auto eingebaut. Unseren Lehrern war es trotzdem zu laut und so gab es jeden Abend Streit.

"the Gentlemen", unsere Beatgruppe

Discos gab es noch nicht, wenn irgendwo Tanz war, dann spielte dort eine Band. Diese sprossen wie Pilze aus dem Boden, man brachte sich das Gitarrespielen meist selber bei. Wenn man fünf Akkorde beherrschte, war man schon ein Gitarrist. Da diese Bands aber meist nur 10 bis 20 Stücke nachspielen konnten, haben wir dann zur Ergänzung die restlichen Stücke vom Tonband gehört. Ich hatte ein DDR-Tonbandgerät KB100, das es für 1000 Ostmark ab 1958 in der DDR zu kaufen gab, deutsche Feinmechanik auf höchstem Niveau. Dudelsender wie heute mit viel Werbung waren nicht vorhanden, so hörte man "Schlager der Woche" im RIAS Berlin am Montag oder die Wiederholung am Freitag und nahm alles Neue auf. Eine Stunde Beatmusik in der Woche, sonst nur Klassik oder Gequatsche im Radio! Wer günstig im Sendebereich wohnte, konnte auch noch AFN hören, der Sender der amerikanischen Truppen in Berlin, aber eben nur mit einer geringen Sendeleistung. Da gab es schon Rockmusik, als in den deutschen Radiosendern nur Schlager und Klassik zu hören waren. So hatte ich bald eine auf Tonbandgerät aufgenommene Sammlung der neuesten Titel der Beatles und Stones. Schallplatten mit diesen Bands gab es in der DDR nicht zu kaufen und durften auch nicht aus dem Westen mitgebracht werden. Nun brauchte man nur noch Tonbänder, die gab es zwar, waren uns aber zu teuer, 20 Mark für 2 x 45 Minuten.

Mein Schulfreund Diddi kannte durch seinen Vater (er schrieb beim Zentralkomitee der SED Reden für die großen Genossen) jemanden beim Fernsehfunk der DDR. Dort wurden Tonbänder auf Studiomaschinen, die so groß wie ein Schreibtisch waren, nur einmal benutzt. So konnte man für ein paar Mark die nicht mehr benötigten Rollen kaufen, allerdings waren die auf andere Spulenkörper gewickelt. Wir kauften uns Leerspulen und bauten aus dem Stabilbaukasten eine Umwicklungseinrichtung. So kamen wir zu billigen Tonbändern.

Ein schwer belehrbarer Lehrer

Alle zwei Wochen gab es eine Klassenversammlung, bei der alle aktuellen politischen Fragen und Probleme der Klasse besprochen wurden.

Es war gerade Olympiade und die DDR-Segler hatte man disqualifiziert, natürlich ein böswilliger Akt, geschürt durch die Bonner Politiker, so jedenfalls die DDR-Presse. Unser Klassenlehrer, selbst begeisterter Segler, war ein ehrlicher Sportler und meinte, wenn man mogelt wird man eben disqualifiziert. Außerdem erkannte er in Franz Josef Strauss einen "profilierten Politiker", eben einen Politiker, der seine Interessen gut vertritt. Dies waren allerdings nicht die Interessen der DDR, jedenfalls damals noch nicht, und so dachte ein besonders roter Mitschüler etwas dagegen tun zu müssen, Pappi war Redakteur beim ND. Er organisierte ein Interviewgespräch, an dem ich als Klassensprecher auch teilnahm, ohne zu wissen was da kam. Dort gab er die Ansichten unseres Lehrers aus seinem Blickwinkel wieder und so stand am nächsten Tag ein Artikel im "Neuen Deutschland" mit der Überschrift "Ein schwer belehrbarer Lehrer?".

Dies kam faktisch einem Berufsverbot gleich. Der Lehrer wurde fristlos gekündigt und hätte sich in der sozialistischen Produktion am Hochofen oder sonstigen unbeliebten Arbeitsstellen bewähren dürfen. Er hatte großes Glück, die Mutter meines Mitschülers Stephan war Parteisekretärin bei der Akademie der Wissenschaften in Berlin-Adlershof und sah die Sache anders. Sie organisierte für unseren Lehrer nach kurzer Zeit eine Anstellung in der Berufsschule der Akademie. Es gab eben solche und solche Genossen.

ZDF Konverter

Fernsehen wurde in Deutschland erst 1953 eingeführt, zuerst in der DDR und kurze Zeit später in der Bundesrepublik, natürlich nur in schwarz weiß. Die ersten Fernseher waren riesige, schwere Holzkisten mit einem Minibildschirm in der Mitte. Nur wenige konnten sich solch ein teures Gerät leisten. Die Technik verbesserte sich dann schnell und meine Oma kaufte sich 1958 den ersten Fernseher mit einem etwas größeren Bild. Sonnabends wurde dann gemeinsam in der Familie die abendliche Unterhaltungssendung angesehen. Es gab nur zwei Fernsehsender, das Ost- und das Westfernsehen. Wir sahen fast nur Westfernsehen, außer im Osten gab es mal einen alten Film zu sehen, oft montags in "Willi Schwabes Rumpelkammer". Danach musste man dann aber schnell den Fernseher umschalten, um nicht den Schwachsinn vom "Schwarzen Kanal" mit Schnitzler zu sehen. Meine Mutter wollte lange Zeit keinen Fernseher und so kaufte mein Vater erst 1962 einen Fernseher. Ab 1963 gab es dann zwei zusätzliche Sender aus dem Westen, das ZDF und das Dritte Programm vom SFB, dem Sender Freies Berlin. Da die Kanäle im VHF-Bereich dafür nicht reichten, wurden diese Programme im UHF-Bereich (Ultrahochfrequenz) ausgestrahlt. Dafür benötigte man einen Konverter, den es aber in der DDR erst einmal nicht gab, da der Deutsche Fernsehfunk keine weiteren Programme ausstrahlte. So gab es Baupläne von sachkundigen Fernsehmechanikern, wie man sich solch ein Gerät selber bauen konnte. In unserer Berufschulklasse waren diese Pläne auch angekommen und so bauten wir kleine Kästchen aus kupferbeschichtetem Leiterplattenmaterial mit den entsprechenden Bauelementen. Das meiste davon gab es in einem Bastlerladen in Berlin, aber nicht den entscheidenden Transistor AF139 oder AF239. Der musste aus dem Westen besorgt werden. Außerdem war noch eine

UHF-Antenne erforderlich, diese hatte kürzere Stäbe, da die Frequenz ja höher war. Entsprechendes Baumaterial aus Aluminium fand sich auch und dann war es soweit und wir konnten das ZDF empfangen. Bei diesem Projekt machten auch die treuesten Genossen mit.

Urlaub in Polen und Ungarn

Stephan hatte auch schon eine Freundin aus der Klasse der Elektromechaniker, nur eine Jahrgangsstufe niedriger, die hübsche Tochter der Köpeniker Apothekerin. Stephan spielte in unserer Band Gitarre, er hatte dies allerdings richtig in der Musikschule gelernt. Durch seine Eltern bekam so alles was er wollte, so war er natürlich viel interessanter für die Mädels als andere. Er durfte sogar schon zweimal die Woche bei seiner Freundin übernachten, nicht gerade üblich zu damaliger Zeit. Auch andere in meiner Klasse hatten schon eine Freundin, da war ich immer etwas neidisch, aber da ich stotterte und dadurch schüchtern war, gelang mir das nicht.

Mit meinem Schulfreund Diddi schrieben wir uns immer lustige Karten. Diese waren als Postkarte oder Brief kaum noch zu erkennen, voll geklebt mit alten Briefmarken und die Anschrift war kaum noch erkennbar, kamen diese Karten dank der fleißigen Postler trotzdem immer an. Dabei wollte jeder den anderen übertrumpfen und dachte sich noch größeren Blödsinn aus.

In den Sommerferien 1967 fuhren Diddi und ich mit dem Zug nach Zakopane ins polnische Riesengebirge, das war eine selbst organisierte Reise. Nach Polen, Ungarn und die Tschechoslowakei konnte man ohne größere Probleme reisen, nur der Geldumtausch war sehr begrenzt. Wir hatten keine Unterkunft, nur ein Zelt, zwei Schlafsäcke und zwei Luftmatratzen. Der Zug fuhr erstmal bis Krakau. Dort suchten wir uns ein privates Quartier für eine Nacht. Es war alles dreckig; zerrissene, nicht saubere Bettwäsche, Staub und Dreck überall, so etwas kannten wir von zu Hause nicht. Nachdem wir uns Krakau angesehen hatten, ging es weiter nach Zakopane. Wir bauten unser Zelt auf dem Campingplatz auf und wanderten jeden Tag durch das Gebirge. Das hatte schon Hochgebirgscharakter, was wir aus den Mittelgebirgen der DDR nicht kannten. Da das Geld so nicht reichte, verkauften wir auf dem dortigen Markt alte Nylonhemden und Uhren und finanzierten so unseren Urlaub. Die Versorgungslage war in Polen noch viel schlechter als in der DDR, aber wir haben die Zeit gut überstanden.

Im Jahr davor war ich das erste Mal im Ausland, in Ungarn am Plattensee, mit meinem Bruder und seinem Schulfreund. Wir schickten ein Zelt und einen von mir selbst gebauten Klapptisch als Koffer mit der Bahn voraus. Dann ging es per Zug bis Budapest. Dort hatte mein Bruder eine Schreibfreundin aus der Schulzeit. Es war so üblich, dass jedem Kind in der Klasse eine Schreibfreundin oder ein Schreibfreund im sozialistischen Ausland vermittelt wurde, meist in der Sowjetunion. Dort konnten wir zwei Tage übernachten und die Schreibfreundin zeigte uns die Sehenswürdigkeiten von Budapest. Das war schon eine andere Welt. Die Ungarn sahen die sowjetischen Truppen in ihrem Land schon damals als Besatzer an und nicht als Freunde.

Dann ging es weiter an den Balaton. Unser Zelt war auch angekommen und so wuchteten wir alles von der Bahn zum Zeltplatz. Dieser lag direkt am Wasser, die Sonne schien jeden Tag und es war warm, eine herrliche Zeit. Der Balaton war nicht ganz so schön, zwar riesig groß aber das Wasser war lehmig trübe und nach 100m war man gerade mal mit den Beinen im Wasser, dafür aber warm. Am Tag aßen wir oft Langos, eine Art Kartoffelpuffer und Eierkuchen mit verschiedenen Füllungen. Obst war sehr billig, wir aßen viele Pfirsiche, die es in der DDR nie gab. Abends nahmen wir unsere leeren Milchflaschen und gingen zu einem nahe gelegenen Winzer. Dort füllte man uns für wenig Geld Weißwein oder Rotwein ab, nachdem wir im Weinkeller alles verkostet hatten.

Zu einem Thermalbad und nach Siofok fuhren wir natürlich auch. Es war ein schöner Urlaub für uns. Ungarn war ein sehr beliebtes Reiseland für DDR-Bürger, auch wenn wir bescheiden leben mussten. Die DDR-Familie hatte meist nur ein Zimmer für vier Personen, während die Westdeutschen ganze Häuser für einen Spottpreis mieteten. Oft bildeten sich dadurch Freundschaften zwischen Ost und West, was innerhalb der DDR nicht möglich war.

Klassenzeitung

Eine Klassenzeitung, "Der Römische Landbote" gaben wir in der Berufsschule ebenfalls zu besonderen Anlässen heraus. Jeder konnte dazu lustige Artikel oder Gedichte über unsere Lehrer oder andere Mitschüler schreiben. Die gesammelten Werke schrieb dann meine Mutter, als gelernte Sekretärin, mit der Schreibmaschine auf Ormig, einem stark färbenden blauen Durchschlagpapier, das spiegelverkehrt auf einem besonderen Glanzpapier geschrieben wurde. Danach konnte man dann in der Ormigmaschine 20 bis 30 Abzüge auf normalem Papier herstellen, in dem sich durch Spiritus die blauen Buchstaben auf das andere Papier übertrugen. Anschließend hatte man blaue Finger und das Zeug ging nur schwer wieder ab. Die ersten Xerox-Kopierer kamen dann erst in den 70er Jahren im Westen auf. In der DDR erhielten nur ausgesuchte Betriebe solche Kopiergeräte, Ormig war das Normalverfahren der Kopie bis zum Ende der DDR-Zeit. Alle Kopiergeräte waren registriert, es musste Buch geführt werden über alle Kopien und es gab sie nicht in Privatbesitz, denn die Stasi hatte Angst vor

Flugblättern, die man damit herstellen konnte. Selbst Papier war Mangelware, es gab nur kleine Mengen zu kaufen.

Alle Berufsschüler und Studenten mussten einen Lehrgang in der "Vormilitärischen Ausbildung" ablegen. Wir fuhren dazu in das Kinderferienlager des Funkwerks Köpenick nach Grünheide bei Berlin. Hier wurde uns gezeigt, wie man mit Waffen umgeht, und wir spielten dann mit Knallkörpern Krieg, der Rest war sportliche Ertüchtigung. Abends saßen wir meist am Lagerfeuer. Geschadet hat es uns nicht, aber auch nichts genutzt für das weitere Leben, etwas Brauchbares lernten wir dabei nicht.

Vormilitärische Ausbildung

4. Studium in der Sowjetunion

Bewerbung zum Studium

Als die Schulzeit nach drei Jahren mit der Abiturprüfung und dem Beruf als Elektromechaniker zu Ende ging, suchten sich die meisten einen Studienplatz. Ich wollte eigentlich Elektrotechnik studieren, aber mein Schulfreund Stephan meinte, besser man studiert Physik, da hat man sich ein umfangreiches Wissen angeeignet und kann später immer noch was anderes machen.

Sein Vater war nämlich auch Physiker an der Akademie der Wissenschaften. Mitte der fünfziger Jahre war er in Dresden bei der Entwicklung des ersten DDR-Passagierflugzeugs 152 mit Strahltriebwerken dabei. Diese Maschine war den russischen Passagiermaschinen weit überlegen. Als dann aus ungeklärter Ursache ein Baumuster abstürzte, in dem Stephans Vater fast mit geflogen wäre, wurde auf Druck der sowjetischen Brüder die Entwicklung eingestellt und die Baupläne landeten bei den russischen Konstrukteuren. So war man einen unliebsamen Konkurrenten los. Anschließend wurden dann im Flugzeugwerk nur noch Reparaturen an Flugzeugen ausgeführt und Fernseher unter der Marke RAFENA gebaut; ist ja auch fast dasselbe.

Wir bewarben uns also in Berlin an der Humboldt-Universität für Physik, ein Dritter aus meiner Schulklasse ebenfalls. Es gab ein Aufnahmegespräch, das mit der Frage begann: "Wollen Sie Physiklehrer werden?" Bei "ja" gab es dann keine weiteren Fragen mehr, da man Lehrer dringend suchte. Ich antwortete mit nein, und so musste ich noch ein paar mathematische und physikalische Fragen beantworten und wurde angenommen. Die Welt war in Ordnung, man hatte einen Studienplatz und war zufrieden.

Studium im Ausland?

Kurz vor der Abiturprüfung bekamen Stephan und ich einen Brief von der Humboldt-Uni und man bot uns ein Studium in der Sowjetunion an. Wir könnten Gesellschaftswissenschaften, Biologie oder Kybernetik studieren. Die ersten beiden Fächer fielen schon gleich aus, denn mit dem herrschenden politischen System war ich gar nicht immer einer Meinung. Als wir mal im "Werk 4" waren, das Funkwerk Köpenick hatte drei Werkteile und die Kneipe hinter der Berufsschule war für uns "Werk 4", hatten wir beim Bier eine Diskussion zur Berliner Mauer. Stephan war überzeugt, dass die Staatsgrenze der DDR, wie es offiziell hieß, noch die nächsten 40 Jahre so bleiben würde. Dem widersprach ich heftig, obwohl ich auch nicht sagen konnte wie lange. Zum Glück hatte ich Recht und nach 28 Jahren war der Spuk vorbei.

Biologie interessierte mich nicht sonderlich, aber Kybernetik klang sehr interessant. Als Jugendlicher las ich immer die Zeitschrift "Jugend und Technik". Hier wurden alle technischen Entwicklungen als tolle Taten der Menschheit, meist der sozialistischen, gefeiert. Die Zukunft wurde in rosigen Farben dargestellt, jeder konnte da mit irgendwelchen Miniflugzeugen durch die Lüfte schweben, Mobilität war alles, an Handys und Internet hat dagegen niemand gedacht. Es wurden Autos gebastelt, die eine Wand selbstständig erkannten und dann umkehrten, dies war für uns Kybernetik. Also musste Kybernetik ein tolles Studienfach sein.

Nun war noch die Frage zu klären, ob man in der Sowjetunion studieren sollte, so weit weg von der Heimat mit einer fremden Sprache, die man zwar in der Schule gelernt hatte, aber nur widerwillig. Englisch war ja viel interessanter, da die Beatmusik auch Englisch war. Es war natürlich auch eine Chance fürs Leben, denn nicht jeder studierte dort. Also sagte ich mir, warum nicht und sagte zu.

Wie kam ich eigentlich zu der Ehre? Die Auslandsstudenten wurden auf der ehemaligen ABF (Arbeiter- und Bauernfakultät) in Halle vorbereitet. Dort kamen nur die besten Schüler aus den erweiterten Oberschulen hin, und legten nach zwei Jahren (11. und 12. Klasse) das Abitur ab. Danach ging es mit der entsprechenden sprachlichen und fachlichen Vorbereitung ins Ausland. In diesem Jahr hatte man der DDR die doppelte Anzahl von Studienplätzen angeboten, und so wendete man sich an die Universitäten. Stephans Eltern hatten da wahrscheinlich etwas nachgeholfen, und da sie ihren Sprössling kannten, mich auch noch ausgewählt, um einen positiven Einfluss auf ihn auszuüben.

Dann gab es eine Informationsveranstaltung in der Humboldt-Uni. Dort erzählten zwei ehemalige Studenten, wie das Studium dort so ist. Die Studenten hatten natürlich in Moskau und in Leningrad studiert und alles war in Ordnung. Dann kamen seltsame Fragen wie:
- Gibt es auch Wurst und Käse in den Läden zu kaufen?
- Wie sind die sanitären Verhältnisse in den Wohnheimen?
- Wie viele Studenten leben in einem Zimmer im Wohnheim?

Ich kannte die DDR und dachte natürlich, dass es dort so ähnlich sei. In der DDR war auch nicht alles super, aber man konnte für damalige Verhältnisse ganz gut leben. Die Fragen wurden dann auch positiv beantwortet, und so war ich damit zufrieden. Was hinter den Fragen steckte, merkte ich erst später.

Anschließend führte man noch eine persönliche Befragung durch und ein Fragebogen zu den Verwandten in der Bundesrepublik musste ausgefüllt werden. Daraufhin musste man erklären, dass man zu diesen alle Kontakte abbricht. Ich hatte Onkel und Tanten dort, aber das war für mich kein Problem, denn meine Mutti hatte ja die Kontakte, es waren ihre Schwestern, und über ihre Kontakte konnte dann alles laufen (die Stasi war also ab jetzt eingeschaltet).

Bis dahin war ich noch nicht Mitglied in der FDJ, der Freien Deutschen Jugend, der einzigen Jugendorganisation der DDR. In den 60er Jahren ging das noch, in unserer Klasse waren nur ca. die Hälfte FDJ-Mitglieder, später wurde daraus eine Zwangsmitgliedschaft. Nun wurde ich aufgefordert zu erklären, warum ich noch nicht Mitglied war, um dann einzutreten, da alle Auslandsstudenten dort Mitglied waren. Wer "A" sagt muss also auch "B" sagen und so trat ich in die FDJ ein.

ABF in Halle

In den Sommerferien gab es einen zweiwöchiger Vorbereitungslehrgang für das Auslandsstudium an der ABF in Halle. Wir waren in Wohnheimen untergebracht, wo sonst die Abiturienten lebten. Die Überraschung kam gleich zum Anfang. Uns wurde mitgeteilt, dass wir nicht in Moskau oder Leningrad studieren werden, sondern in Charkow und nicht das Fach Kybernetik, sondern Mathematik. Das war für mich ein harter Schlag. Charkow kannte ich zwar vom Namen her, aber Mathematik wollte ich nun wirklich nicht studieren, es gab aber kein Zurück.

Einer aus unserer Gruppe hat es versucht, er erklärte dass ihm etwas anderes zugesagt wurde und er auf das Auslandsstudium verzichten wird. Das Ergebnis war nicht das erhoffte Studium in der DDR, sondern er musste sich in der "sozialistischen Produktion bewähren", also in irgendeinem Volkseigenen Betrieb anfangen zu arbeiten, da er ja die Auszeichnung des Auslandsstudiums abgelehnt hatte. Also muckten wir nicht auf und gaben uns dem Schicksal hin.

Wir erhielten jeden Tag gesellschaftspolitische Vorlesungen zu folgenden Themen (Originalsätze aus der Einladung): "Der unlösbare Zusammenhang zwischen der vollen Entwicklung des gesellschaftlichen Systems des Sozialismus in der DDR und der Klassenauseinandersetzung mit dem westdeutschen Imperialismus". Das war natürlich super spannend!

Dann kam noch das Wichtigste:

"Wie verhalte ich mich als DDR-Bürger im Ausland?"

Die Grundregel der Kontakte war folgende:
- Die Sowjetbürger sind unsere Freunde und zu diesen sollten wir immer gute Kontakte pflegen
- Die Bürger der anderen sozialistischen Staaten sind natürlich auch unsere Freunde und zu diesen haben wir ebenfalls gute Kontakte
- Studenten aus Drittstaaten, also meistens Studenten aus dem arabischen Raum oder aus Afrika, hier sollten die Kontakte nicht zu eng sein, besonders galt das für den weiblichen Teil, und wir wurden auf die Probleme hingewiesen die es dann in diesen Ländern später geben könnte.
- Falls Studenten aus den kapitalistischen Ländern dort sein sollten, so hatten wir zu diesen keine direkten Kontakte zu pflegen.

- Das schlimmste war jedoch ein Bürger aus der Bundesrepublik, zu diesem wurden uns jegliche Kontakte verboten.

Später gab es dann in Moskau einen solchen Fall. Wohnraum war knapp in der Sowjetunion und die sowjetischen Behörden sahen das nicht so genau und steckten einen Aspiranten aus der DDR mit einem aus der Bundesrepublik zusammen in ein Zimmer. Da gab es natürlich in der Botschaft der DDR einen Aufschrei und es wurden Himmel und Hölle in Bewegung gesetzt, das zu ändern.

Da wir abends immer genügend Bier tranken und Karten spielten, schlief ich bei solch interessanten Vorlesungen auch mal ein. Ein Dozent sah das und weckte mich. Nun musste ich zu einer Aussprache kommen, wo mich drei Lehrer in die Mangel nahmen. Nach Beteuerungen, dass dies nie wieder passiert, konnte ich gehen. So verbrachten wir zwei Wochen und hatten nicht viel dazugelernt, aber lernten uns ein wenig kennen.

Aufbruch in das Sowjetparadies

Nun war es soweit, am 20. August 1968 fuhren wir mit dem Schlafwagenzug in die Sowjetunion, zuerst nach Moskau und von da weitere 600km nach Charkow.

Im ersten Jahr durften wir in den Winterferien nicht nach Hause fahren, wir benötigten also Sachen für ein Jahr. Die dreckige Wäsche zu Muttern nach Hause zu bringen, wie es die Studenten in der DDR gerne machten, ging auch nicht, und so musste an alles gedacht werden. Die einzige Möglichkeit, die es noch gab: in jedem Vierteljahr konnte man sich ein so genanntes "Lizenzpaket" schicken lassen, Maximalgewicht 10kg, dazu gab es extra einen Schein.

Da Stephan und ich nicht wussten, wie wir das alles im Zug transportieren sollten, kamen wir auf die Idee, jeder einen Koffer mit der Bahn vorzuschicken, das kannte ich ja schon aus anderen Urlauben. Trotzdem waren in dem Sonderzug so viele Koffer, dass man diese im Abteil nicht unterbringen konnte, und so standen überall Koffer auf den Gängen. Die Schlafwagen, die hier fuhren, waren in der DDR gebaut und hatten immer Abteile für vier Personen, zwei schliefen unten und zwei oben. Wenn man sich kannte, war das Fahren ganz bequem, es dauerte nur sehr lange. Nach einem Tag, einer Nacht und noch einem Tag kamen wir in Moskau an. Zwischendurch wurden in Brest, an der sowjetischen Grenze, die Wagengestelle getauscht, da ja die Spurbreite in der Sowjetunion größer ist.

Es war der 21. August 1968 als wir erfuhren, dass sowjetische Truppen in die Tschechoslowakei einmarschiert sind, um den Prager Frühling unter Alexander Dubcek abzuwürgen. Das verlief dann auch nicht friedlich, und erinnerte an 1953 in der DDR. Es war die Hoffnung für alle Andersdenkenden in der DDR und nun das übliche Ritual mit Panzern. Offiziell war das natürlich ein Hilfeersuchen der kommunistischen Freunde aus der CSSR um die Konterrevolution zu stoppen, dabei hatte man den Tschechen nur etwas mehr Freiheiten gegeben.

In Westberlin und der Bundesrepublik demonstrierten die Studenten für mehr Rechte und einen grundsätzlichen gesellschaftlichen Wandel. Es waren die 68er, die versuchten den alten Muff zu verdrängen, völlig unrealistische Moralvorstellungen der Gesellschaft, Lehrpläne in den Universitäten, die uralt waren, ein furchtbarer Krieg der USA in Vietnam mit Napalmbomben und Entlaubungsmitteln. Es gab ständig Demonstrationen in Westberlin von der APO, der außerparlamentarischen Opposition. Davon bekamen wir zwar immer mal was mit, aber wir lebten jetzt in einer anderen Welt.

Wir wurden in einem Studentenwohnheim in Moskau untergebracht, haben uns kurz den Kreml und den Roten Platz angesehen und am nächsten Abend ging es mit dem Nachtzug nach Charkow. Hier holte man uns mit einem Bus ab und wir fuhren zu einem Wohnheim. Nach einiger Zeit stellte man fest, dass wir dort nicht wohnen können, da alles belegt ist, und so brachte man uns zu einem älteren Wohnheim an einer großen Straße, dem Leninprospekt, in dem wir nun für ein Jahr einquartiert wurden. In jedem Zimmer wohnten immer zwei ausländische Studenten und zwei sowjetische Studenten. Wir hatten einen baufälligen Balkon, im Zimmer vier Eisenbetten, vier Nachtschränke, einen Kleiderschrank, ein Bücherregal, in der Mitte einen Tisch mit vier Stühlen. Die Wände waren mit Leimfarbe hell gestrichen. Am Ende des Ganges gab es eine Küche, einen Waschraum mit vielen Handwaschbecken (nur kaltes Wasser) und Toiletten. Das Zähneputzen im Winter war dann mit dem kalten Wasser sehr unangenehm. Wir waren die ersten DDR-Studenten in Charkow.

Andere Länder andere Sitten

Bevor wir einziehen konnten, fuhr man uns zu einem Bad zum Duschen. Das fanden wir erstmal gut, denn nach der langen Reise waren wir ganz schön durchgeschwitzt. Dort angekommen, sollten wir all unsere Kleidung auf einen Eisenring befestigen. Das war erstmal ungewöhnlich, aber vielleicht hatten die hier ein anderes Aufbewahrungssystem. Dann ging es in die große Gemeinschaftsdusche. Als wir zurück kamen war unsere Kleidung nicht mehr da, wurde uns aber nach kurzer Zeit auf einen Tisch gelegt. Ich griff an den Eisenring und verbrannte mir fast die Finger so heiß war dieser. Mein Nylonhemd war jetzt zwei Nummern kleiner geworden und passte kaum noch. Wir waren also in eine Entlausungsanstalt geschickt worden und entsetzt, da wir Läuse und anderes Ungeziefer in der DDR nicht kannten. Später stellten wir fest, dass dieses System für alle Studenten nach den Ferien vorgesehen war. Um Bettwäsche zu bekommen musste man einen Schein der Entlausungsanstalt vorweisen. Da waren wir später natürlich schlauer und gaben nur noch die Unterwäsche aus Baumwolle ab und nicht unsere Oberbekleidung.

Die nächste Überraschung waren die Toiletten. Es standen normale Toilettenbecken in den Kabinen, allerdings ohne Sitz. Dafür waren links und rechts gemauerte Stufen, so dass man sich hinhocken musste. Außerdem stand noch ein Korb da mit zerrissenem Zeitungspapier. Ich dachte zuerst, dies wäre das Toilettenpapier, ja war es auch: aber das schon benutzte! Toilettenpapier gab es nur sehr selten und so nahm man eben die Prawda, eine Tageszeitung. Da das Zeitungspapier die Rohre verstopft hätte, wurde es extra gesammelt, andere Länder andere Sitten.

Unsere per Bahn aufgegebenen Koffer waren noch nicht da. Stephan und ich fuhren jeden Tag zum Bahnhof. Dort teilte man uns dann mit, dass ein Telegramm aus Brest da wäre vom Zoll, und wir die Erlaubnis geben müssten, die Koffer zu öffnen, da es in Charkow keine Zollstation gab. Nach viel Mühe hatten wir das Formular ausgefüllt und es wurde nach Brest zum Zoll geschickt. Nach ein paar Tagen kamen unsere Koffer wohlbehalten an. Die Verzögerung war nicht so schlimm, da in den Koffern meist nur Wintersachen waren und wir hatten jeden Tag 30°C.

Das Wohnheim

Mit Stephan hatte ich ein Zimmer und die beiden sowjetischen Studenten zogen kurze Zeit später auch bei uns ein, allerdings keine Mitstudenten von uns, sondern Studenten aus dem fünften Studienjahr Physik. Das war natürlich ungünstig, da sie uns nicht direkt helfen konnten. Sie kamen in einem dunklen Anzug und hatten nur ein kleines Köfferchen. Somit sollte der Platz in unserem gemeinsamen Kleiderschrank reichen. Später merkten wir, dass das Leben in der Sowjetunion etwas bescheidener war, die Studenten hatten nur sehr wenig Kleidung und damit mussten sie auskommen.

Bald merkten wir, dass wir noch andere Bewohner im Zimmer hatten, es waren Wanzen, die nachts über einen herfallen und beißen. Da ich normalerweise nie von Mücken gestochen werde, war ich auch dagegen immun, aber andere hat es arg zerstochen. Wir hatten schon zu Hause davon gehört und haben uns Wanzenpulver mitgenommen, das an alle Fußleisten gestreut wurde, somit hatten wir Ruhe.

Unser Zimmer im Wohnheim

Wenn man dies meldete, wurde das Zimmer ausgespritzt, es stank tagelang und die Wanzen waren trotzdem nicht weg. Dazu hätte man das ganze Gebäude mehrmals ausspritzen müssen.

Stephan konnte wesentlich besser Russisch als ich. Bevor er zur Berufsschule kam, war er an einer Russisch Spezialschule in Köpenick. Dort wurde verstärkt ab der 3. Klasse Russisch unterrichtet. Ich musste mit dem bisschen Schulrussisch sehen, wie ich klarkomme.

Unsere beiden sowjetischen Studenten im Zimmer sprachen einige unverständliche Wörter in fast jedem Satz, die auch nicht im Wörterbuch zu finden waren. Bei unserem Nachfragen drucksten sie erst etwas herum, aber dann erklärten sie uns diese Schimpfwörter und Flüche. Das war schon ganz schön heftig in der Wortwahl, aber man gewöhnte sich dran und noch heute benutze ich einige davon, wenn ich mich sehr geärgert habe.

Die sowjetischen Studenten sollten Anfang September zur Erntehilfe auf den Kolchos fahren, die großen genossenschaftlichen landwirtschaftlichen Güter. Wir sollten in dieser Zeit mehrmals in der Woche Russischunterricht in kleinen Gruppen bekommen. Aber plötzlich und unerwartet ging am 4. September das Studium los.

Bis dahin fuhren wir fast täglich zu einer Flussinsel an den Strand, wo man gut baden gehen konnte. Die Sonne hatten wir allerdings unterschätzt und so gab es schnell einen Sonnenbrand. Sonnenschutzcremes wie heute mit Lichtschutzfaktoren waren damals noch unbekannt, bestenfalls ölte man sich mit Nussöl ein, und versuchte dann die Sonne zu meiden.

Jeden Abend wurde Karten gespielt, Skat und Doppel-kopf, oder auch mal Schach. Dazu gab es Portwein aus Bulgarien, der gerade im Angebot war.

Stephan hatte sein Tonbandgerät KB100 mitgenommen und ich hatte unzählige Tonbänder mit der Beatmusik der 60er Jahre. Das Gerät stand auf einem Nachtschrank und lief täglich mehrere Stunden. Im sowjetischen Rundfunk wurde auch nur Klassik oder Volksmusik gespielt, das war für uns nicht hörbar. Das Gerät musste ich immer wieder reparieren, mal eine Röhre tauschen oder den Treibriemen wechseln, es funktioniert noch heute, obwohl ich es schon lange nicht mehr nutze.

Lernen ohne Ende

Die schöne Zeit war nun vorbei. Wir hatten drei Hauptfächer, höhere Algebra, mathematische Analysis und analytische Geometrie, sowie acht Stunden Russischunterricht und vier Stunden Sport in der Woche. In den ersten Vorlesungen verstand ich nichts, und am Nachmittag schrieben wir dann die Mitschriften von anderen Studenten ab. Nach einer Woche ging es dann schon etwas besser, das meiste schrieb ich mit, und ließ dann zwischen den Formeln und Zahlen Platz für die Erklärungen, die ich nachmittags ergänzte. Dafür kamen aber sehr viele Hausaufgaben hinzu, innerhalb eines Semesters lösten wir 500 Grenzwerte und später 500 Integrale. So saßen wir jeden Tag bis Mitternacht und hatten immer noch nicht alle Aufgaben erledigt. Von der Schule waren wir es gewohnt, immer alle Hausaufgaben zu machen, hier mussten wir erst einmal lernen, dass dies nicht möglich war, man musste Prioritäten setzen. Das geht auch heute noch fast allen Studenten so. Nach dem Abitur fahren sie stolz mit Schildern rum "ABI 2015", als ob dies das Schwerste im Leben gewesen wäre und merken beim Studium, dass es noch schlimmer kommen kann.

Abends wurde auch mal Schach in unserem Zimmer gespielt, ich versuchte mich auch daran, aber es war mir zu kompliziert, immer mehrere Züge voraus zu denken, und so schaute ich lieber zu wie andere spielten. Unsere "Designerleuchte" an der Decke, eine Fassung mit einer 100W Glühlampe hatten wir ersetzt mit einer Pendelleuchte über dem Tisch, so hatte man mehr Licht beim Arbeiten. Es gab ja nur einen Tisch, an dem dann alle zusammen saßen, oder man lag auf dem Bett und lernte das Mitgeschriebene.

Mitte September wurde es kühler und regnerisch, nur noch 10 bis 15°C. Charkow hat ein ausgesprochenes Landklima. Im Mai wird es warm, und der ganze Sommer ist mit 25 - 30°C immer ausgeglichen. Auch nachts geht es nicht unter 20°C, man kann also immer mit einem kurzärmeligen Hemd rumlaufen ohne sich etwas Warmes für den Abend mitzunehmen.

Im September wird es dann kühler. Ab November / Dezember fällt auch Schnee und der bleibt meist liegen, da dann die Temperaturen unter -10°C fallen. Maximal sind auch mal -30°C drin. Geheizt wurde erst ab 15. Oktober, manchmal auch etwas früher, wenn es sehr kalt war. Wir kauften uns einen elektrischen Warmluftheizer, was natürlich verboten war, und machten es uns so etwas gemütlicher.

Mit der Körperpflege war es nicht so einfach im Wohnheim, da es keine Duschen gab. So gingen wir einmal in der Woche in die Banja, mit Duschen und einer Dampfsauna. Für wenig Geld konnte man sich waschen, relaxen und für die Gesundheit war dies auch noch gut. Die einheimische Bevölkerung brachte sich immer Birkenzweige mit und damit schlug man sich dann gegenseitig auf Rücken und Körper. Dazu waren steinerne Liegebänke im Aufenthaltsraum vorhanden. Eine Flasche Wodka kreiste manchmal auch noch rum.

Die Universität lag am zentralen Platz in Charkow mit dem großen Lenindenkmal neben dem Verwaltungsgebäude. Wir mussten mit dem Oberleitungsbus dort hinfahren. Obwohl die Busse fast minütlich fuhren, waren diese immer überfüllt. Das lag an einem Neubaugebiet, das am Ende der Straße errichtet worden war. Die Türen der Busse blieben fast immer offen, da die Menschen wie Trauben an den Eingängen hingen. Auf der rückwärtigen Leiter, die eigentlich dazu gedacht war den Stromabnehmer wieder an die Oberleitung zu bringen, hingen auch noch ein oder zwei Menschen. Das störte aber niemanden, der Bus fuhr trotzdem. Heute gibt es eine U-Bahn, die die Menschen besser befördern kann.

Die Uni war ein 10-geschossiger Bau, völlig symmetrisch errichtet. Am Anfang war es schwer sich zurechtzufinden. Nur wenn man aus dem Fenster sah, wusste man ob man im linken oder im rechten Flügel war. Die Fahrstühle waren zum Unterrichtsbeginn ebenfalls überfüllt und so rannten wir oft die Treppe zum Vorlesungssaal im 10. Stock hoch.

Die ersten zehn Minuten vergingen meist mit der Anwesenheitskontrolle. 200 Studenten wurden dann namentlich abgefragt, ob sie auch da sind, wie in der Grundschule. Die Professoren und Dozenten führten dann ihre Vorlesung durch, und schrieben alles mit Kreide an die Tafel. Beim Mitschreiben musste man entsprechend schnell sein. Blätter mit Zusammenfassungen der Vorlesungen gab es nicht. Das wäre auch kaum möglich gewesen, da die heutige Kopiertechnik noch unbekannt war.

Universität mit Lenindenkmal am 1.Mai

Einige Professoren hatten ein Fachbuch geschrieben. Da war es sinnvoll sich dieses für wenige Rubel zu kaufen, da dort viele Teile der Vorlesungen vorhanden waren, und genau das wurde dann auch in den Prüfungen abgefragt. Aber man konnte auch Fragen stellen und sich mit den Professoren unterhalten, sie waren nicht abgehoben und fühlten sich als normale Bürger.

Jede Woche schrieb ich einen Brief an meine Eltern, der dann nach zehn Tagen ankam. Ebenso erhielt ich auch Post von zu Hause. Damals konnte man Briefe per Luftpost oder auch normal verschicken, es war immer dasselbe, unter zehn Tagen erhielt man keinen Brief. Ich schrieb damals meinen Eltern, dass sie nur Standardbriefmarken nehmen sollten, also die mit dem Portrait von Ulbricht drauf, da es in der Sowjetunion Briefmarkensammler bei der Post gab, die die Sondermarken vom Brief abschnitten und dann den Brief wegwarfen. Das Zukleben der Briefe mit Klebeband war verboten (warum wohl???), diese Briefe kamen wieder zurück. E-Mail war noch nicht erfunden und telefonieren war auch ein großes Problem. Man musste sich beim Hauptpostamt anstellen, seinen Wunsch ins Ausland zu telefonieren angeben und warten bis die Verbindung hergestellt war, das dauerte oft länger als eine Stunde. Dann wurde man in eine von vielen Telefonzellen gerufen und konnte telefonieren. Teuer war es auch noch, eine Minute kostete ungefähr ein Rubel (drei DDR-Mark), so telefonierten wir nur sehr selten, wenn etwas Dringendes zu erledigen war.

Verpflegung

Das Essen war etwas gewöhnungsbedürftig. Als ich das erste Mal in eine Stalowaja, also eine Mensa oder Selbstbedienungsgaststätte ging, wunderte ich mich über das was dort angeboten wurde. Es gab fast immer zwei Vorsuppen, wie Borschtsch (eine Kohlsuppe mit roten Beeten), Soljanka oder andere Gemüsesuppen. Als Hauptgericht waren verschiedene Sorten Fleisch im Angebot, aber immer aus gehacktem Fleisch, nur die Namen waren unterschiedlich.

Von zu Hause kannte ich nur Kartoffeln, Reis und Nudeln. Hier gab es aber dafür Kascha, einen braunen und gelben Brei, den ich nicht deuten konnte. Es war Buchweizengrütze oder Hirsebrei. Aus Märchenbüchern kannte man dies, es wurde auch in Deutschland früher von der armen Bevölkerung viel gegessen. Nach ersten Versuchen stellte ich fest, dass es eigentlich gut schmeckt, und so esse ich dies bis heute gerne. Kartoffeln gab es meist nur als Bratkartoffeln und Reis nur selten. Das Essen kostete meist nur 50 Kopeken, das war nicht viel und man wurde davon satt. Sowjetische Studenten erhielten im Monat 35 Rubel Stipendium. So reichte am Monatsende das Geld oft nicht mehr, und dann haben die Studenten nur noch Borschtsch gegessen mit viel Brot, das immer auf den Tischen stand und nichts kostete. Sehr gerne aß ich auch Pelmeni und Wareniki, das sind Teigtaschen, die mit Fleisch oder Käse gefüllt sind, dazu gibt es saure Sahne oder auch Brühe.

Brot, Butter, Wurst und Käse gab es immer zu kaufen, aber das Sortiment war sehr eingeschränkt. Bei Käse gab es mehrere Sorten Hartkäse und bei Wurst waren es auch mehrere Sorten, aber alle sahen und schmeckten so wie bei uns die Jagdwurst. Schmelzkäse konnte man nur in Kiew oder Moskau kaufen.

In den Lebensmittelläden stand immer eine zentrale Kasse, an der man bezahlen musste. Das war etwas umständlich. Wenn man verschiedene Sachen kaufte, stellte man sich zuerst dort an, wo es die Lebensmittel gab. Die Verkäuferin sagte einem dann den Preis. Danach ging es zur Kasse, wieder anstellen und bezahlen. Mit dem Bon ging man wieder zum Verkaufsstand und holte sich die Ware ab. Dies sollte verhindern, dass die Lebensmittelverkäufer die dreckigen Rubelscheine anfassten.

Obst und Gemüse war den Jahreszeiten und der örtlichen Ernte angepasst. Im Sommer und im Herbst war ein reichhaltiges Angebot vorhanden, aber im Winter lagen nur noch Äpfel und Kohlköpfe rum. Bananen und Apfelsinen wurden nicht frei verkauft. Auf dem Basar, einem großen Lebensmittelmarkt konnte man Apfelsinen aus Grusinien kaufen, aber für sehr hohe Preise. In Grusinien (heute Georgien) wachsen Orangen und die Bauern flogen dann mit dem Flugzeug in die großen Städte weiter nördlich und verkauften die Früchte. Fliegen war billig, denn 100km kosteten 2 Rubel. Das musste über den Verkaufspreis wieder reinkommen.

Sowjetisches Studiensystem

Wir erhielten 85 Rubel Stipendium aus der DDR, davon konnte man gut leben. In der DDR erhielt jeder Student ein monatliches Stipendium zwischen 100 und 190 Mark der DDR in Abhängigkeit des Einkommens der Eltern oder des Ehepartners. Das Stipendium war eine staatliche Unterstützung der Studenten und brauchte nicht zurückgezahlt werden. Das Wohnheim kostete nur wenige Rubel im Monat und so blieb genügend übrig für andere Sachen. Die sowjetischen Studenten hatten es viel schwerer als wir. Die 35 Rubel reichten nicht zum Überleben. Die Hälfte der Studenten hatte keinen Platz im Wohnheim bekommen und musste privat wohnen. Obwohl die Wohnungsmiete fast nie über 10 Rubel lag, vermieteten Leute einzelne Zimmer für 20 bis 40 Rubel, je nach Entfernung zur Uni. Das konnten sich die meisten nicht leisten und so wurde dann nur ein Bett gemietet für 10 bis 15 Rubel. Wir setzten uns dann für einen Mitstudenten ein, damit er einen Platz im Wohnheim erhielt, da er bis dahin in der großen Wartehalle auf dem Bahnhof geschlafen hatte. Das war für uns völlig unverständlich, so etwas gab es nicht in der DDR, und wurde in den Zeitungen immer nur aus Westdeutschland berichtet.

Die Studienplätze wurden in der Sowjetunion nach folgendem Prinzip verteilt: Es gab schriftliche Aufnahmeprüfungen an den Lehreinrichtungen. Wenn man 100 Plätze hatte, dann wurden die besten 100 angenommen. In einem öffentlichen Aushang standen dann die Namen der aufgenommenen Studenten. Ein sehr einfaches Prinzip, wesentlich besser als der Unsinn über Numerus Clausus in Deutschland. Wenn ich ein bestimmtes Fach studieren möchte, ist doch die allgemeine Schulnote völlig uninteressant, sondern nur die fachbezogenen Fächer. Schüler, die in allen Fächern gut sind, haben meist keine spezifischen Interessen für ein Fach. Ihnen fällt das Lernen leicht, aber sie werden auch später nur mittelmäßige Leistungen vollbringen. Überfüllte Hörsäle und Seminare kenne ich nicht, denn die Anzahl der Studenten war an die Kapazitäten angepasst.

Die sowjetischen Studenten waren meist jünger, da es nur eine 10-klassige Oberschule gab und kein Abitur. Viele waren erst 17 Jahre alt und fingen direkt nach der Schule mit dem Studium an. Das was wir in den zwei Jahren bis zum Abitur lernten, wurde im Studium in zwei Monaten gelehrt. Der Vorteil für uns war also nicht so groß. Diejenigen, die von der ABF in Halle kamen, waren natürlich besser fachlich und sprachlich vorbereitet worden. Es wurden nicht alle durchgeschleppt im Studium. In Fächern wie Mathematik und Physik reduzierte sich die Anzahl der Studenten nach einem Jahr auf die Hälfte.

Russisch und Mathe

Obwohl das Studium sehr schwer war, war ich guter Dinge, dass es zu schaffen ist. Während der Vorlesungen verstand ich zwar meist die Sprache, da die fachlichen Wörter sich immer wiederholen und der Wortschatz nicht so groß ist. Die russische Sprache lernte ich nicht aus einem

Vokabelheft wie in der Schule, sondern wie ein Kind, das die Wörter hört, den Sinn versteht und es nachspricht. Oft kannten wir die Übersetzung der neuen Fachbegriffe nicht und so redeten wir untereinander in einem Gemisch aus den russischen Fachbegriffen und den deutschen Bindungswörtern.

Viel schwieriger war es für mich, den mathematischen Sinn zu verstehen. Es waren nur noch mathematische Theorien, die wir lernten ohne eine praktische Verbindung, das war für mich besonders schwer. So saßen wir jeden Tag auch am Wochenende bis um Mitternacht und lernten und lernten. Heute muss ich sagen, dass ich nie wieder in meinem Leben so viel gearbeitet habe wie in dieser Zeit.

Die einzige Abwechselung war mal ein gemeinsames Essen im Zimmer mit einer Flasche Wodka. Dazu machten wir meistens Bratkartoffeln, legten den Tisch mit Zeitungen aus und stellten die Pfanne in die Mitte. Jeder am Tisch gabelte dann etwas aus der Pfanne, dazu gab es noch eingelegte Tomaten und Gurken. Das Trinken alkoholischer Getränke war im Wohnheim verboten, ebenso das Kartenspielen. Wir mussten dann das Zimmer verschließen, da es im Wohnheim einen Studentenrat gab, der aber nicht die Interessen der Studenten unterstützte, sondern versuchte die Hausordnung durchzusetzen und auf Sauberkeit zu achten. Die Zimmer mussten wir selber säubern, also Fegen und Staub wischen. Die Kontrollen, die regelmäßig kamen, gingen dann mit dem Zeigefinger an einem langen Bettgestell oder der Türoberseite entlang und wenn dann Staub zu sehen war gab es eine schlechte Note. Für uns war das nicht so wichtig, aber die sowjetischen Studenten hatten immer Angst davor, da man ihnen dann drohte, dass sie aus dem Wohnheim geworfen werden.

Die andere Abwechslung waren Abende mit kulturellen Veranstaltungen. Meistens wurden zuerst lange Reden gehalten auf die Freundschaft und das so überlegene sozialistische System und anschließend gab es Kultur. Wir bildeten auch eine Singegruppe und traten dann mit alten deutschen Volksliedern auf der Bühne auf. Das erwartete man auch von uns, da alle anderen Nationen es ähnlich machten und Volkslieder in der Sowjetunion beliebt waren. Manchmal fuhren wir auch dazu in eine andere Stadt zum Beispiel nach Belgorod.

Der Winter 1968/69 war in Charkow erträglich, es fiel nicht allzu viel Schnee und die Temperaturen lagen bei -10°C. Ganz im Gegenteil zur DDR, in diesem Winter fielen Unmassen Schnee und dieser blieb auch noch liegen, durch Schneeverwehungen waren meterhohe Berge aufgetürmt. Die Stromversorgung war fast am Zusammenbrechen, da der Strom hauptsächlich auf Braunkohlebasis erzeugt wurde und die Kohle in den Waggons festfror.

Unser Zimmer im Wohnheim lag nach Westen und so war es dort immer warm. Anders dagegen die Zimmer, die nach Osten lagen, der kalte Wind pfiff durch die Ritzen in den Fenstern. In einigen Zimmern waren teilweise nur noch 7°C. Die Russen klebten deshalb die Fenster im Winter mit Papierstreifen zu oder vergipsten sogar die Fenster. Das war dann allerdings im Frühjahr immer eine Sauerei den Gips zu entfernen. Dadurch saßen dann oft Studienkumpels aus anderen Zimmern bei uns zum Aufwärmen und Musik hören vom Tonbandgerät. Unser elektrischer Wärmelüfter wärmte das Zimmer zusätzlich.

Examen

Weihnachten kam immer näher, aber ein Weihnachtsfest gibt es nicht in der Sowjetunion. Das große Fest war Neujahr, auch mit einer geschmückten Tanne und mit Geschenken für die Familie. Das hing auch damit zusammen, dass bis 1917 der alte Gregorianische Kalender galt, und Weihnachten deshalb auf die ersten Tage im Januar fiel.

Wir hatten also auch am 24. Dezember Vorlesungen und Seminare und haben uns nur selber abends zusammengesetzt. Die Vorlesungen endeten am 30. Dezember und danach begann die Vorbereitungszeit für die Examen. Vorher wurden noch schriftliche Vorexamen geschrieben, das war dann die Voraussetzung zur Zulassung zu den Examen. Ich hatte drei Examen zu bestehen und lernte unermüdlich. Die Examen wurden in einem Seminarraum durchgeführt, es waren immer 10 bis 12 Studenten im Raum, man musste einen Fragezettel ziehen mit meist drei Fragen, davon eine mathematische Aufgabe. Wir hatten ca. eine Stunde Zeit um uns vorzubereiten und die Aufgaben zu lösen. Dann ging man zum Dozenten, der vorne saß, alles überwachte und auch die Prüfungen abnahm. Dort mussten alle Fragen beantwortet werden und er stellte dann noch Zusatzfragen, um zu sehen ob man den ganzen Lehrstoff beherrscht. Meistens wurden 2 bis 3 Studenten gleichzeitig geprüft, dadurch hatte man dann immer noch etwas Zeit, um über die Antwort nachzudenken. Die Zensur wurde dann sofort in das Prüfungsbuch, das jeder Student hatte, eingetragen, eine 5 war sehr gut und eine 2 war ungenügend.

Gleich bei der ersten Prüfung Anfang Januar bin ich durchgefallen. Stephan und weiteren drei DDR-Studenten erging es ebenso. Das war ein harter Schlag nach den langen Monaten Lernen von früh bis spät. Die anderen beiden Prüfungen liefen besser und so musste ich ein Examen nachholen.

Winterferien

Im Winter gab es immer zwei Wochen Semesterferien, in denen wir sonst nach Hause gefahren sind. Aber im ersten Jahr war das nicht zulässig und so hatten Stephan und ich mit unseren Eltern vereinbart, dass diese eine Reise nach Moskau buchen und wir ebenfalls nach Moskau fahren um uns zu sehen. Dazu mussten wir einen Antrag beim Ausländerdekanat stellen, dieser musste vorher von der Landsmannschaft der DDR-Studenten bestätigt werden, ging danach zur Miliz und anschließend konnte man bei Intourist, dem internationalen Reisebüro, eine Zugkarte oder ein Flugticket kaufen. Ausländer durften sich nur im Umkreis von 50 km um die Stadt ohne Erlaubnis bewegen. Wir hatten vorher Kontakt zu anderen Studenten in Moskau aufgenommen und konnten für die Zeit im Wohnheim der Universität wohnen. So gab es eine Woche lang ein freudiges Wiedersehen, wir schlossen uns der DDR-Reisegruppe an und sahen die Sehenswürdigkeiten in Moskau, vom Kreml, Lenin-Mausoleum, Fernsehturm und Allunions-Ausstellung. Es war eine interessante Woche und wir flogen wieder mit einer AN10 zurück. Dieser Flugzeugtyp wurde nur innerhalb der Sowjetunion eingesetzt, er wurde eigentlich als militärische Transportmaschine entwickelt und gebaut mit Tragflächen die oben angebracht waren und 4 Turboprop-Triebwerken. Der Lärm im Flugzeug war unerträglich, man stieg nach einer Stunde völlig taub aus. Erst als eines dieser uralten Flugzeuge vom Himmel fiel, weil ein Flügel abgebrochen war, stellte man fest, dass alle Fugzeuge Risse im Flügel hatten und es mussten alle verschrottet werden. Danach hatte man nicht mehr genügend Flugzeuge für die Inlandsverbindungen.

Das Studium geht weiter

In der restlichen Woche sollten wir für die Wiederholungsprüfung lernen, aber wir mussten uns selbst erstmal von der Reise nach Moskau mit den vielen Ausflügen erholen. Dann ging die Büffelei wieder los und wir bereiteten uns parallel zum Studium im neu angefangenen Semester auf das Examen vor. Es half aber alles nichts, Stephan und ich fielen wieder durch, die anderen schafften die Prüfung. Ich merkte nun, dass ich an meine Grenzen gestoßen war, aber wollte nicht aufgeben. In mathematischer Analysis waren Lehrsätze zu beweisen von Mathematikern, die schon vor mehr als 200 Jahren gelebt hatten. Dabei ging es oft um die spannende Frage, ob der Lehrsatz bis Unendlich oder bis Unendlich und eins gilt. Das wurde dann auf drei Seiten bewiesen. Für mich war das ein völlig unverständlicher theoretischer Kram, mit dem ich nichts anfangen konnte. Die nächste Nachprüfung sollte erst im Mai sein, so hatten wir nun genügend Zeit um uns vorzubereiten und das Studium ging weiter. Die Phase mit den Grenzwerten war nun abgeschlossen, jetzt mussten Integrale gelöst werden, was noch schwieriger war. Wir bekamen jede Woche 50 Integrale als Hausarbeit auf, das war zeitlich nicht möglich diese zu lösen und so verteilten wir uns die Arbeit, jeder löste 7 Integrale und schrieb die anderen ab.

Im zweiten Semester bekamen wir ein zusätzliches Fach, die Programmierung von Aufgaben an einer Rechenmaschine. Diese Rechenmaschine M20 stand in einem großen Raum. Die Maschine war nicht ganz neu und mit Röhren bestückt, die eine ganze Wand einnahmen. Die Eingabe des Programms erfolgte über Lochkarten, die an einem speziellen Gerät gestanzt wurden. Die Leistung der riesigen Rechenmaschine ist für heutige Verhältnisse lachhaft, jedes Smartphone ist dieser Maschine weit überlegen. Wir versuchten uns jedenfalls daran wöchentlich, bis wir ein richtiges Ergebnis erhielten. Bei einer Programmänderung mussten auch die Lochkarten neu erstellt werden.

Mit der Ehrlichkeit der Sowjetmenschen war es auch nicht so weit her, wie man es uns in der DDR immer klarmachen wollte. Die Menschen sind eben überall ähnlich und man muss immer sorgfältig mit seinen Sachen umgehen. Stephan ging eines Tages alleine essen in eine dieser Selbstbedienungsgaststätten. Ich war an diesem Tag im Kino und tauschte mit Stephan die Taschen, da meine schwerer war. Er suchte sich zuerst einen Platz, legte dort die Tasche ab und als er mit dem Essen wiederkam war diese verschwunden. Der größte Verlust war ein Heft mit den Mitschriften der Vorlesungen und meine Federtasche.

In der Sauna, in die wir gingen, waren eines Tages mein Pullover und die Jeans weg, ich stand in Unterwäsche da. Man gab mir erst einmal eine Trainingshose damit ich auf die Straße gehen konnte. Anzeigen bei der Militz waren sinnlos, da man sowieso nichts wiederbekam und es auch keine Versicherung dafür gab. Den anderen Saunabesuchern war dies aber peinlich und so sammelten sie Geld und gaben es mir beim nächsten Besuch. Das wollte ich erst gar nicht annehmen, aber sie bestanden darauf. Dies zeigte die andere Seite der Menschen, sie waren immer hilfsbereit.

Die 2. Nachprüfung in mathematischer Analieses war im Mai. Stephan und ich bestanden die Prüfung und so dachte ich, dass ich über den Berg bin. Nach harter Arbeit mit Lernen von früh bis spät, fingen im Juni wieder die Examen an. Das Fach mathematische Analieses gab es natürlich diesmal auch wieder. Stephan schaffte die Prüfung, aber ich fiel wieder durch und sollte die Prüfung in der ersten Ferienwoche im Sommer nachholen.

Zusätzlich zu den mathematischen Fächern hatten wir noch "Geschichte der KPDSU", also der kommunistischen Partei der Sowjetunion. Wir mussten die russische Arbeiterbewegung von 1880 bis 1930 mit 17 Parteitagen lernen. Die Schwierigkeit war hier die russische Sprache, die ich noch nicht so perfekt beherrschte, aber diese Prüfung war dann kein so großes Problem. Die anderen DDR Studenten flogen nach Hause und ich sollte noch die Nachprüfung in mathematischer Analieses bestehen. Trotz guter Vorbereitung schaffte ich es auch diesmal nicht und flog den nächsten Tag nach Hause. Die zweite und letzte Nachprüfung sollte dann im September sein. Ich war sehr frustriert und musste in den Ferien lernen.

Sommerferien in der DDR

Erstmal hatte ich Ferien und war froh, mich nach dem Stress dieses ersten Studienjahres auszuruhen. Ich war aber nicht richtig frei, da die Prüfung noch auf mich wartete und ich in den Ferien immer wieder lernte.

Am 21. Juli 1969 landeten amerikanische Astronauten auf dem Mond. Diese erfolgreiche Apollo Mission sah ich mir natürlich nachts live im Fernsehen an, im Westfernsehen. Die Weltraumforschung interessierte mich schon immer, aber die Berichterstattung war keineswegs neutral, über sowjetische Erfolge wurde ganz groß gejubelt, amerikanische Erfolge erwähnte man nur nebenbei. Hier konnte man die Verlogenheit der sozialistischen Propaganda so richtig erkennen. Den USA wurde dann immer vorgeworfen, den Weltraum militärisch nutzen zu wollen, die Sowjetunion tat jedoch dasselbe und schickte hunderte Satteliten mit dem Namen "Kosmos" hoch. Über den Zweck dieser Missionen gab es keinerlei Angaben.

Russische Baukunst

Ende August sind wir dann mit dem Zug nach Charkow zurückgefahren, da wir sehr viel Gepäck hatten. Stephan hatte Gitarren und einen Verstärker für unsere neue Band in Charkow besorgt, die in Absprache mit dem Konsulat in Kiew gegründet wurde. Es sollte eine Beatband werden, wie wir sie schon in der Berufsschule hatten, für das Konsulat in Kiew eher eine DDR-Singegruppe.

Wir zogen in ein neues Wohnheim um, hier waren kleine Wohnungen vorhanden mit einem 3-Bettzimmer und einem 4-Bettzimmer, einem kleinen Flur und einem Bad mit Dusche und Toilette. Das Haus war aus Kalksandstein gebaut, unverputzt. Innen dachte man, es ist schon mindestens 10 Jahre alt. Baubrigaden aus Studenten hatten es zum Teil errichtet. Im Bad musste erstmal der ganze Baudreck entfernt werden. Trotzdem war es besser als das alte Wohnheim, da wir ein eigenes Bad hatten. Die Freude sollte jedoch nicht lange währen. An der Decke im Bad und im Zimmer bildeten sich bald nasse Flecken. Revisionsklappen gab es nicht, nach der Montage der Duschwanne wurde alles eingemauert und gefliest. Die nassen Flecken waren nicht nur bei uns, sondern im ganzen Haus. Die Handwerker waren ratlos. Eines Tages kam wieder mal ein Handwerker. Wir kümmerten uns nicht darum. Abends wollte einer duschen gehen und war verwundert, die Mischbatterie war abgeschraubt und in der Wand waren Stopfen. Später stellten wir noch fest, dass auch der Abfluss der Duschtasse nicht mehr ging, man hatte dort Zement reingeschüttet. Dafür wurden im Erdgeschoss zentrale Duschen eingebaut.

Das neue Wohnheim der Uni

So viel Unfähigkeit hatte ich bis dahin noch nicht erlebt, aber es war typisch für die so "überlegene Sowjetunion". Berufsausbildung wie in der DDR gab es nicht, es war ein System wie in den USA oder einigen europäischen Ländern noch heute, man fing nach der Schule irgendwo an zu arbeiten und lernte dabei das Notwendigste.

Beatleitung

Die sowjetischen Studenten fuhren im September erstmal auf den Kolchos zur Erntehilfe und wir hatten vier Wochen Freizeit. In der Freizeit bauten wir uns eine "Beatleitung", das heißt wir legten an der Außenwand von Fenster zu Fenster eine Leitung und schlossen die Lautsprecher, die in jedem Raum waren, daran an. Die Lautsprecher waren an einem Drahtfunk im Haus angeschlossen, über den man von 6 Uhr früh bis 24 Uhr Radio Moskau hören konnte, für uns ein Graus. In unserem Zimmer stand das Tonbandgerät und ein Verstärker und so verteilten wir die Beatmusik zu den anderen DDR-Studenten. Das gefiel einigen besonders eifrigen Genossen nicht, und so sorgten sie dafür, dass dies gemeldet wurde und wir die Leitung wieder abbauen mussten.

Außerdem bauten wir noch aus den Eisenbetten Doppelstockbetten, da wir so mehr Platz in den recht kleinen Zimmern hatten. Auch dies stieß auf das Unverständnis des Ausländerdekanats und wir mussten wieder alles rückgängig machen, ansonsten hätte man die sowjetischen Studenten aus dem Wohnheim geworfen, und das wollten wir nicht. Es wohnten allerdings nun wieder keine sowjetischen Studenten aus unserer Seminargruppe mit in den Zimmern, dazu waren die Behörden unfähig. Dies wäre aber viel sinnvoller gewesen, um sich beim Lernen gegenseitig zu unterstützen.

Wechsel des Studienfaches

Ich musste noch in der ersten Woche die Nachprüfung bestehen und lernte, während die anderen jeden Tag feierten. Dann kam der Tag und ich bestand das Examen wieder nicht. Nun war für mich klar, dies ist das Ende und ich werde Mathematik nicht weiter studieren, es war für mich zu schwer und meine Begabungen lagen eher auf dem praktischen Gebiet und nicht in der reinen Theorie. Unser Betreuer aus Kiew kam in den nächsten Tagen und ich besprach das Problem mit ihm. Er schlug mir vor, nach Kiew zu kommen und mir die Studienmöglichkeiten dort anzusehen.

So flog ich nach Kiew und sprach mit den DDR Studenten der Universität und des Polytechnischen Institutes. In der Universität gab es das Fach Kybernetik, aber ich musste feststellen, dass dies auch hauptsächlich Mathematik war.

So entschied ich mich für das Fach Maschinenbau am Polytechnischen Institut. In der Schule vermittelt man den Kindern und Jugendlichen ein völlig falsches Bild von den Studienfächern. Das fängt schon mit den Namen der Fächer an. Das was in der Schule als Mathematik bezeichnet wird, ist simples Rechnen. Die Vermittlung der Differenzial- und Integralrechnung im Abitur kann man sich sparen, das hat nichts mit Allgemeinbildung zu tun, es ist für jemanden der nicht Ingenieurwissenschaften studiert, völlig unbrauchbar im Leben. Das was dort in zwei Jahren vermittelt wird, lernt man im Studium innerhalb von zwei Monaten. Zum Mathematikstudium hatte ich mir einen Rechenschieber mitgenommen, Taschenrechner gab es noch nicht, aber ein Mathematiker rechnet nicht mit Zahlen, da reichte das kleine Einmaleins.

In dieser Zeit hatte ich mir auch Kiew angesehen, die Stadt gefiel mir wesentlich besser als Charkow. Die Versorgung, aber auch die kulturellen Möglichkeiten waren vielseitiger. Nach einer Woche flog ich mit 10 Flaschen Tschechischem Bier zurück, das es in Charkow nicht gab und war froher Dinge im Hinblick auf meinen neuen Studienort. Jetzt mahlten die Mühlen der Bürokratie und ich wartete auf die Entscheidung. Die sowjetischen Studenten kamen aus dem Kolchos zurück, wir hatten bis dahin jeden Tag gefeiert, Doppelkopf gespielt, Wein, Wermut, Sekt oder Wodka getrunken und waren pleite.

Anfang Oktober ging das Studium für meine ehemaligen Mitstudenten wieder los, und ich wartete und wartete. Nach sechs Wochen kam dann Mitte November der Entscheid, dass ich am Polytechnischen Institut in Charkow Maschinenbau studieren soll. Ich musste in ein anderes Wohnheim umziehen, das nicht so komfortabel war, denn die Wohnheime waren den Bildungsstätten zugeordnet. Dies dauerte wieder lange und erst im Dezember zog ich um. Nach den Winterferien sollte ich dann dort zusammen mit einem anderen DDR-Studenten wohnen.

Maschinenbau am Polytechnischen Institut

Das Studium begann wieder im ersten Semester für mich und ich hatte keine Schwierigkeiten mit dem Lernstoff. In Mathematik war ich bestens vorbereitet und vieles war nun Wiederholung. Es gab jetzt auch mehr praktische Fächer in denen man auch technische Zeichnungen erstellen musste. Dies beanspruchte in der Zukunft viel Zeit. Ich kaufte mir ein großes Reißbrett und eine Zeichenmaschine.

Der Unterricht war hier in zwei Schichten aufgeteilt, da man nicht genügend Räume zur Verfügung hatte. So begann der Unterricht meist um 13 Uhr und ging dann bis 20 oder 21 Uhr. In der Seminargruppe war ich alleine, es gab nur drei DDR Studenten an der Maschinenbaufakultät, die ein Jahr vor mir waren. Was zuerst wie ein Nachteil aussah, war aber ein großer Vorteil. Ich sprach den ganzen Tag nur russisch und lernte dadurch die Sprache viel schneller. Außerdem konnte mich die FDJ-Gruppe der DDR Studenten nicht so gut kontrollieren. Das war für die nächsten Jahre sehr erträglich.

Das Tonbandgerät verblieb bei Stephan und so kaufte ich mir ein neues Tonbandgerät. Ohne Beatmusik, die Rolling Stones und andere Bands konnte ich nicht leben. Jeden Tag nach dem Unterricht hörte ich erst einmal eine oder zwei Stunden Musik.

Hier konnte ich auch zur sportlichen Betätigung wieder schwimmen gehen. In Charkow gab es ein großes Schwimmbad vom Sportclub Dynamo mit einer 50m Bahn, allerdings ohne Dach. Das Wasser war warm und strömte auch ständig warm nach. Allerdings atmete man im Winter die kalte Luft, die über dem Wasser lag, mit dem Mund ein, und so bekam man leicht eine Erkältung.

Zu meinen ehemaligen Studienkumpels hatte ich immer noch gute Verbindung und bin regelmäßig durch die Stadt ins andere Wohnheim gefahren. Es spielte auch öfters unsere neue Band und dann kümmerte ich mich um die Technik.

Wir hatten im September, als wir viel Zeit hatten, zwei Mädels kennen gelernt aus Vilnius, die bereits im 5. Studienjahr waren. Es war eine lustige Zeit und wir feierten auch alle zusammen Silvester in einer Wohnung in Charkow. Leider trank ich zu viel und auch noch durcheinander, so war ich außer Gefecht gesetzt. Stephan, den wir übrigens immer Theo nannten, war da besser drauf und verliebte sich in eines der Mädels. Seine Freundin aus der Schulzeit hatte mit ihm Schluss gemacht, da sie von irgendjemand hörte, dass er eine andere Freundin hätte, was aber so nicht stimmte, wir hatten dazu im ersten Studienjahr keine Zeit. Eigentlich sollte sie nachkommen und dann Physik studieren. Das wurde nun nichts und sie studierte Physik in Berlin.

Das Fach Physik war noch schwerer als Mathematik, denn in Mathe wurde dasselbe gelehrt und zusätzlich noch theoretische Physik, das hatte auch nichts mit dem Fach Physik in der Schule zu tun, mit Versuchsaufbauten, es war reine Theorie.

Wir gingen jetzt öfters ins Hotel Intourist essen. Dort gab es ein besseres Essen als in der Stalowaja, und es war nicht so teuer. Unser Speiseplan wurde somit abwechselungsreicher.

Kaukasus

Zu den großen Feiertagen, dem 1. Mai und der großen Oktoberrevolution im November, waren immer zwei Tage frei und wir sind dann für eine Woche innerhalb der Sowjetunion verreist. Da musste man sich eine Genehmigung vom Ausländerdekanat besorgen mit Unterschrift der Miliz.

Im Mai 1970 wollte ich eigentlich mit russischen Studenten auf die Krim fahren zum Wandern, aber das hat man mir nicht erlaubt, es sei zu gefährlich. Da große Teile der Krim militärisches Sperrgebiet für Ausländer waren, wollte man das wahrscheinlich nicht erlauben. So fuhr ich mit anderen DDR-Studenten in den Kaukasus. Wir flogen bis Suchumi, da der Flugplatz von Sotschi in Adler nur im Sommer angeflogen wurde, und fuhren dann mit einem Regionalzug weiter nach Sotschi. Dort übernachteten wir in Zelten direkt am Schwarzen Meer. Am nächsten Tag ging es dann mit einem Bus in den Kaukasus nach Krasnaja Poljana, heute bekannt als Austragungsort der Olympischen Spiele 2014. Der klapprige Bus fuhr dazu eine alte Bergstraße entlang, links 200 m hoch und rechts 200 m in die Tiefe ohne Leitplanken. Vor jeder Kurve wurde gehupt, wenn keiner antwortete, war die Straße frei und er donnerte um die Kurve. Die Straße war sehr schmal und besonders in den Kurven, so dass zwei Autos nicht aneinander vorbei kamen. Es ging alles gut und wir kamen nach 60km in einem kleinen Dorf in einer herrlichen Berglandschaft an. Dort versorgten wir uns erstmal mit Brot und Käse und wanderten flussaufwärts mit Rucksack und Zelten weiter. An einer Flusswiese schlugen wir unsere Zelte auf und blieben dort als Ausgangslager für unsere Wanderungen. Das Zelten war uns dort auch nicht erlaubt, aber wer viel fragt, bekommt viele Antworten. Das Wetter war schön, wir sind jeden Tag gewandert auch bis zur Schneegrenze. Es war beeindruckend, ein Hochgebirge mit Schnee bedeckten

Bergspitzen, denn die Alpen waren dem DDR Bürger verschlossen. Als Unterholz wuchsen überall Rhododendren, die wir in unseren Gärten extra anpflanzen.

Die Lebensmittel waren etwas knapp, es gab nur Brot, Schmalz und Tütensuppen, keinen Laden in der Nähe und so musste alles eingeteilt werden. Ein Mitstudent, der das übernahm und mit Nachnamen Krüger hieß, hatte seinen Spitznamen weg und wurde nur noch "Hungerkrüger" genannt. Wir überlebten aber alles und kehrten nach einer Woche mit unvergesslichen Erlebnissen wieder zurück.

Mai 1970 im Kaukasus

Das erste Studienjahr am Polytechnischen Institut ging für mich zu Ende, die Prüfungen bestand ich ohne Schwierigkeiten, Maschinenbau war für mich das richtige Studienfach.

Rügen

In den Sommerferien flog ich nach Hause und erholte mich in unserem großen Garten, ging schwimmen und traf mich mit ehemaligen Schulfreunden. Stephan und ich hatten uns mit einem Mitstudenten verabredet. Den wollten wir in den Sommerferien besuchen, da er direkt an der Ostsee auf Rügen wohnte. Wir fuhren mit dem Nachtzug nach Göhren und wollten von da nach Lobbe weiterfahren. Als wir aus dem Zug stiegen, stand dort ein Volkspolizist, der unsere Ausweise kontrollierte und uns dann auf das Revier mitnahm. Dort erklärte er uns, dass alle Ostseeinseln Grenzgebiet sind und wir dort nichts zu suchen hätten. Wir erklärten ihm, wo wir hinwollten, der Nachname unseres Mitstudenten war ausgerechnet Müller. Das glaubte er uns nicht, versuchte jedoch noch anzurufen, ob es einen Müller gäbe. Das klappte aber nicht, er hatte zu Hause keinen Telefonanschluss und so schickte uns der Polizist nach Hause. Wir sollten mit dem nächsten Zug nach Berlin fahren, ansonsten würde man uns in Stralsund einsperren, dort hatte man gerade in der Nacht solche wie uns verhaftet.

So fuhren wir wieder nach Hause, da wir Angst hatten, dass man uns dann das Weiterstudieren nicht erlauben würde. Mit unseren grünen Amikutten sahen wir nicht gerade vertrauenserweckend aus. Das war es dann mit unserem Ostseeurlaub. So schön war es in der DDR, ein völlig krankhafter Überwachungsstaat.

Nach den Sommerferien sind wir wieder zurückgeflogen und sollten eigentlich mit den sowjetischen Studenten auf den Kolchos fahren. Das Ausländerdekanat war aber dagegen, das Leben dort war sehr primitiv, es wurde meist auf Stroh in einer Scheune geschlafen, waschen war oft nur an einer Handpumpe möglich und so wollte man nicht, dass wir das alles sahen. So vergammelten wir wieder mal vier

Wochen, spielten Doppelkopf und vernichteten den Alkohol.

Wir gingen jetzt öfters mal ins Kino und in die Oper. Kulturelle Erlebnisse kosteten wenig Geld. Stephan spielte den ganzen Tag Gitarre und übte mit den anderen Bandmitgliedern für einen Auftritt.

Die neuen Studienanfänger aus der DDR waren ebenfalls da und mussten sich erstmal mit den Verhältnissen vertraut machen. Wir halfen natürlich so gut wir konnten und besonders den Mädels. Dabei lernte ich ein Mädel kennen und wir freundeten uns an. Mit Sabine verbrachte ich jetzt viel Zeit, wir gingen oft spazieren, manchmal essen in besseren Restaurants, um der Enge im Wohnheim zu entfliehen. Abends saßen wir meist alle gemeinsam auf dem Flur, auf dem es einen Aufenthaltsbereich gab.

Jerewan

Im November flog ich mit anderen DDR-Studenten nach Jerewan, der Hauptstadt Armeniens. Über den Sender Jerewan gab es zahlreiche Witze zu damaliger Zeit. Zum Beispiel; Anfrage an den Sender Jerewan: "Kann man in Algerien den Sozialismus einführen?" Antwort: "Im Prinzip ja, aber dann wird bald der Sand knapp."

Am Flughafen wurden wir von drei armenischen Studenten empfangen. Wir dachten, die bringen uns jetzt nur ins Wohnheim, aber die begleiteten uns die ganze Zeit, es war eine tolle Reisebegleitung, die oft auch noch das Essen bezahlte. Solch eine Gastfreundschaft hatte ich noch nicht erlebt. Beim Empfang sagten sie uns erst mal: "Ihr seid unsere Freunde, Ihr seid in der DDR auch von den Russen unterdrückt. Die Russen können wir nicht leiden, nur die Frauen zum ...". Da klappten einigen der DDR Studenten der Unterkiefer runter. Sie hatten doch gelernt, dass die

Sowjetmenschen alle so toll sind und so gut miteinander auskommen und nun so etwas. Seitdem war mir klar, dass die große Sowjetunion aus ganz verschiedenen Völkern bestand, die nur mit dem großen russischen Knüppel zusammengehalten wurden. Nach dem Zusammenbruch 1990 bis 1992 spalteten sich sofort die einzelnen Länder ab und bildeten eigene Staaten, das war nicht aufzuhalten. Alle späteren Konflikte beruhen darauf, dass das russische Reich nicht homogen zusammengewachsen war, sondern man sich ganze Gebiete und Staaten militärisch einverleibt hatte. Die Sowjetunion als Nachfolger des Russischen Reichs hat das nur fortgesetzt. Die Armenier waren besonders verärgert, dass die Russen ihnen nicht geholfen hatten, nach dem Genozid durch die Türken im Jahre 1915 bis 1916.

Armenien am Sewansee

Mit dem Vertrag von Alexandropol im Jahre 1920 wurde auch noch der heutige Grenzverlauf festgelegt. Dadurch ist das armenische Siedlungsgebiet in den türkischen und den armenisch-sowjetischen Teil gegliedert.

Wir waren beeindruckt von den schönen Sandsteingebäuden in Jerewan, dem riesigen Sewansee und dem 5000 Meter hohen schneebedeckten Berg Ararat, der in der Türkei liegt. Nach einer Woche flogen wir wieder zurück und hatten sehr viel gesehen und auch viel geschichtliches Verständnis erhalten.

Sowjetisches Bauwesen

Das Gelände des Polytechnischen Instituts war parkmäßig angelegt und bebaut mit älteren aber zweckmäßigen Backsteinbauten. Dort waren die einzelnen Fakultäten in verschiedenen Gebäuden untergebracht. Da Unterrichtsräume fehlten, sollte ein zehngeschossiger Neubau errichtet werden und da hierfür die Arbeitskräfte nicht reichten, mussten nun die Studenten mit anpacken. Im Monat Mai sollte unsere Fakultät auf der Baustelle mithelfen. Auf der Baustelle waren dann 15 Arbeiter und 100 Studenten. Die Kellerdecke wurde gerade eingeschalt und es gab gar nicht so viel Arbeit für alle. Ich verbrachte dann die Zeit mit Zeitung lesen.

Das war typisch für das sowjetische Baugeschehen. Es wurde zwar viel gebaut aber in geringer Qualität. Hochhäuser mit zehn Geschossen waren Stein auf Stein aus Kalksandstein errichtet und nicht aus Betonplatten wie schon in der DDR zu damaliger Zeit. Das lag natürlich auch an der mangelnden Berufsausbildung in der Sowjetunion, wie schon vorher beim Wohnheimbau erwähnt. So sah vieles immer halbfertig aus. Das Parkett bröckelte aus dem Fußboden, die Dielen waren nicht gerade, Rohre immer schief angebracht, Zimmertüren hatten keine Klinken, die Farbe war fast immer die falsche, rieb sich ab oder war stumpf. Aber irgendwie funktionierte trotzdem alles.

Das Studentenleben

Weihnachten näherte sich und ich freute mich wieder auf ein Lizenzpaket mit Stolle und harter Wurst, was es beides nicht zu kaufen gab. So schickten mir meine Eltern verschiedenste Sachen, wie Waschpulver, Klebeband, Bleistiftminen und Tonbänder, Gitarrenseiten und Nähmaschinennadeln auf Bestellung anderer Studenten. Dafür konnte man DDR-Bücher und Schallplatten sehr billig erwerben. Wir gingen regelmäßig in den internationalen Buch- und Schallplattenladen und durchstöberten dort alles nach Neuigkeiten.

Silvester feierte ich mit Sabine an der Uni, da dort unsere Beatgruppe spielte. Das war immer ein besonderes Ereignis für uns, man konnte schöne Musik hören und noch tanzen dazu.

Um seine spätere Arbeitsstelle brauchte man sich in der DDR nicht bemühen, das wurde schon alles vorher geregelt und verteilt. So besuchten uns bereits im zweiten Studienjahr einige Vertreter aus dem Maschinenbau der DDR und stellten die verschiedenen Betriebe vor. Man konnte nun auswählen, wo man später arbeiten wollte. Da ich aus Berlin komme, habe ich mich für das Werkzeugmaschinenkombinat 7. Oktober entschieden, das in Berlin mit zwei Betrieben vertreten war. Dutzende Bewerbungen schreiben, um dann einen Arbeitsplatz zu bekommen, das gab es nicht. Wir sollten auch entsprechend unserer Qualifikation eingesetzt werden.

Zu den Maifeiertagen flog eine Gruppe DDR Studenten nach Grusinien, heute Georgien in die Hauptstadt Tbilissi, heute Tiflis. Die Reise hatte ich vorbereitet, eine Einladung des dortigen Institutes organisiert, die Anträge beim Ausländerdekanat gestellt und die Flugtickets besorgt. So sind wir eine Woche lang in Tbilissi gewesen, haben Ausflüge in die Umgebung gemacht, sind baden gegangen und haben uns die Stadt Gori angesehen, die Geburtsstadt von Stalin. Hier hat man aus Stalin einen richtigen Kult gemacht. Das kleine Geburtshaus war von einem größeren Säulenbau überdacht und geschützt und es gab ein Museum und das letzte noch vorhandene Stalindenkmal. Die Grusinier waren noch immer mächtig stolz auf ihren großen Führer. Nach einer Woche ging es wieder nach Charkow mit interessanten Eindrücken.

Mit meiner Freundin Sabine ist es allerdings auseinander gegangen. Sie lernte einen bulgarischen Studenten kennen, der auch im Wohnheim wohnte und verliebte sich in ihn. Alle meine Versuche sie zurück zu gewinnen schlugen fehl und so trennten wir uns.

Reingelegt

Bernd, mein Mitstudent aus dem Zimmer, heiratete im Mai seine ehemalige Schreibfreundin aus der Sowjetunion. Er hatte sie mehrmals besucht in der Vergangenheit und nun war sie schwanger und bekam ein Kind. Bernd hatte mich eingeladen und so flogen wir nach Rostow am Don und feierten die Hochzeit. Auf Hochzeiten und anderen großen Feiern gab es immer sehr viel zu essen und zu trinken. Das Essen stand den ganzen Tag auf dem Tisch und man konnte immer abwechselnd Wodka und Sekt trinken und dazu essen. Das empfand ich als sehr angenehm, da man dadurch nicht so schnell betrunken wurde. Auf den

Don sind wir noch mit einem Tragflächenboot gefahren und sahen die schöne Natur.

Leider ist Bernd hier in eine Falle getappt, die er sich nicht vorstellen wollte. Nachdem das Kind geboren war, rechneten wir nach und waren davon überzeugt, dass Bernd nicht der Vater des Kindes sein kann, da wir wussten wann er nach Rostow gefahren war. Bernd wollte anfangs nichts davon wissen. Als das Studium für ihn zu Ende war, arbeitete er in Karl-Marx-Stadt im Werkzeugmaschinenkombinat Fritz Heckert. Er bekam auch schnell eine Wohnung und holte seine russische Ehefrau mit Kind in die DDR. Die Schwiegermutter kam gleich mit und man ging sofort auf Einkaufstour. Bernd sollte alles bezahlen, aber das wenige Geld, das man anfangs verdiente, reichte nicht weit. Als nichts mehr zu holen war, flog man nach Rostow zurück und forderte von Bernd Unterhalt für das Kind. Nach sowjetischem Recht musste der Vater ¼ seines Einkommens als Unterhalt zahlen. Das war auch für sowjetische Verhältnisse angemessen, da die monatlichen Löhne nicht sehr hoch waren. In der DDR galt ein anderes Recht, aber da seine Frau Russin war, wurde das sowjetische Recht angewandt. Jetzt erst versuchte Bernd die Vaterschaft feststellen zu lassen. Dies war innerhalb der DDR ohne Schwierigkeiten durch eine Blutuntersuchung möglich, aber es sollte sich herausstellen, dass dies in diesem Fall unmöglich war. Seine Frau verblieb mit dem Kind in Rostow und weigerte sich dem Kind Blut abnehmen zu lassen. Dadurch konnte die Vaterschaft nicht festgestellt werden, Bernd ließ sich scheiden und musste 18 Jahre lang ein Viertel seines Gehaltes für ein Kind zahlen, das nicht von ihm war. Für seine geschiedene Frau war das von großem Vorteil, denn von dem wirklichen Vater hätte sie nur wenig Unterhalt bekommen. So aber bekam sie sehr viel mehr Geld und konnte davon in Russland gut leben. Das war ein abgekartetes Spiel und die DDR-Justiz machte da willig mit. Rechtsanwälte und Gericht hatten immer Angst und Bedenken gegen die sowjetischen Behörden zu klagen, und so war es für Bernd unmöglich sein Recht zu bekommen.

Probleme bei Beziehungen zu russischen Frauen traten öfters auf, nicht immer so drastisch wie in diesem Fall, aber viele Frauen wollten unbedingt besser leben und auch dazu ausreisen. Die Männer gingen meistens sehr einfach angezogen, aber die Frauen setzten alles daran gute und teure Kleidung zu haben, Bescheidenheit war da nicht angesagt.

Sommerferien

Nach den Examen war das zweite Studienjahr vorbei und ich flog nach Hause. Ein Vorziehen der Examen, um längere Ferien zu haben, hatten die Genossen der DDR-Landsmannschaft verboten, warum auch immer. Da hatte ich den Vorteil, dass ich an der Maschinenbaufakultät der einzige war in diesem Studienjahr und mich keiner kontrollieren konnte. So gab ich Examen auch mal vor, ohne um Erlaubnis zu fragen.

Mein Bruder hatte an der Ostsee auf Rügen einen Urlaubsplatz erhalten, ein 4-Bettzimmer, und da sie eine kleine Tochter hatten, war ein Bett frei und so haben sie mich mitgenommen. An einem Tag machten wir einen Spaziergang über die Insel. Ein Weg war durch Volkspolizei abgesperrt. Auf unsere Frage gab es nur die Antwort: "Wenn hier abgesperrt ist, dann haben Sie sich danach zu richten". Ein Hubschrauber landete und wir sahen aus der Weite, dass ein bekanntes Mitglied des Politbüros in ein Auto umstieg und weitergefahren wurde. Vor Rügen lag eine kleine Insel, die für DDR-Bürger gesperrt war und als Erholungsgebiet für unsere hohen Genossen diente. Man fuhr nicht mit dem Boot dorthin, sondern wurde per Hubschrauber gebracht, nur nicht zu viel Nähe zum Volk durch unsere Volksvertreter.

Studentenleben

Nach den Ferien flog ich Anfang September wieder zurück nach Charkow. Stephan kam eine Woche später auch an und war angeblich krank gewesen. In Wirklichkeit ist er nach Vilnius zu seiner Freundin geflogen und anschließend von dort nach Charkow. Leider wussten das zu viele und so hat es einer ausgeplaudert. Hier lag einerseits ein Betrugsfall vor mit der falschen Krankenschrift und anderseits hatte er gegen sowjetische Gesetze verstoßen, denn man durfte nicht so einfach im Land herumreisen, dazu benötigte er eine Genehmigung der Miliz. Nachdem unser Betreuer aus Kiew kam, um mit Stephan zu reden, wurde beschlossen, dass er nach Hause fahren muss, das Studium war damit für ihn nach drei Jahren zu Ende.

Das war schon immer das Problem von Stephan, dass er sich nicht an Regeln und Gesetze halten wollte, deshalb schickten seine Eltern mich ja auch mit in die Sowjetunion um auf ihn einen positiven Einfluss zu vermitteln. In der DDR durfte er sich dann erst einmal für ein Jahr in der Produktion bewähren, bevor er weiterstudieren konnte.

Die sowjetischen Studenten fuhren wie jedes Jahr auf den Kolchos zur Erntehilfe. Wir hatten frei und gammelten wieder einen Monat lang so dahin. In diesem Jahr kam eine neue Studentengruppe aus der DDR für das Fach Chemie. Wir wohnten in einem Wohnheimkomplex mit einem Kultursaal in der Mitte. Eines Abends war dort eine Veranstaltung und auf der Ladefläche eines abgestellten Lastwagens standen zwei neu angekommene DDR-Studentinnen und versuchten in den Saal zu schauen. Ich sprach sie auf Russisch an, was sie da machen. Nach dem ersten Schreck radebrechten sie eine Antwort auf Russisch. Dann gab ich mich zu erkennen und wir lachten darüber. In den nächsten Tagen fuhr ich mit der Gruppe zum Baden an einen Kiessee und so lernte ich ein Mädchen aus Halle kennen, Christine. Sie war nun meine neue Freundin und wir verbrachten viel Zeit miteinander, gingen ins Kino, Theater, Oper und ich half ihr beim Studium in darstellender Geometrie.

Meine Eltern schickten mir regelmäßig Päckchen mit Süßigkeiten und Zeitschriften aus der DDR, die Zeitschrift "Jugend und Technik" und die Wochenzeitung "Horizont", für internationale Politik und Wirtschaft. In dieser Zeitung waren sehr interessante Artikel, wesentlich besser als in den Tageszeitungen. Die Monatszeitschrift "Magazin" mit dem Bild einer nackten Frau nahm ich selber mit, damit der Zoll bei der Kontrolle nicht rote Ohren bekam und die Zeitschrift entfernte. Nacktheit gab es nicht in der Sowjetunion, hier herrschte noch die allgemeine Prüderie, die wir ja auch später von den USA kennen lernen sollten. FKK-Strände wie in der DDR waren unbekannt.

Stollen bekam ich nicht nur zu Weihnachten, meine Mutter konnte gut backen und so schickte sie mir dieses Kuchengebäck, das man lange lagern konnte, das ganze Jahr über.

In Charkow lernte ich einen sowjetischen Studenten kennen, der auch meinen Musikgeschmack teilte. Er hatte für 70 Rubel eine originale Platte mit Beatmusik auf dem schwarzen Markt gekauft und tauschte jetzt jede Woche diese Platte gegen eine andere. Dabei trafen sich die Interessenten immer woanders, da ihnen die Miliz auf den Versen war, dieser Tausch war also nicht ganz ungefährlich. Diese Platte brachte er mir dann zum Überspielen auf Tonband. Bernd hatte ein Radio mit Plattenspieler. Dort musste ich das Abtastsystem wechseln, da das alte nicht mehr ging. Das Original gab es nicht mehr, aber ich passte ein anderes entsprechend an. Das war natürlich phantastisch, da ich so immer das Neueste bekam und habe viele Alben von Uriah Heep, Led Zeppelin, Deep Purple und anderen auf Tonband überspielt. Dafür kaufte ich ihm dann Sachen in der DDR, die es in der UdSSR nicht gab.

Trinken bis zum Umfallen

Vadim war aus meiner Seminargruppe und unser Mitbewohner im Zimmer. Im Sommer fuhr er mit einer Studentenbrigade weg und half dort an einem Bauprojekt. Das machten viele sowjetische Studenten, da sie von dem mageren Stipendium nicht leben konnten. Die Bezahlung war unterschiedlich, wer auf dem Bau arbeitete erhielt nach sechs bis acht Wochen 250 bis 300 Rubel, wer allerdings nach Sibirien ging in die Erdölförderung der bekam wesentlich mehr, 600 bis 800 Rubel. Dafür waren die Lebensbedingungen dort sehr schlecht. Im Sommer ist es in Sibirien sehr warm und es gibt Mücken ohne Ende und man wohnte in Baucontainern.

Als das Studium wieder anfing, trafen sich die Studenten noch mal in einem Restaurant und besprachen die gemeinsame Zeit mit Essen und Trinken. Vadim ging auch dort hin, zog sich seinen von dem verdienten Geld neu gekauften Anzug mit den neuen Schuhen an. Spät abends klopfte es an der Tür und zwei Studenten fragten, ob Vadim hier wohnt und ob wir mal helfen können. Wir gingen also runter und neben der Eingangstür stand eine Kiste mit Streusand für den Winter. Auf dieser Kiste lag Vadim mit dem Oberkörper. Er war also völlig betrunken. Wir trugen ihn zu viert ins Zimmer, zogen ihn aus und legten ihn ins Bett. Neben dem Bett stellten wir eine Schüssel, die er auch nachts dringend benötigte. Morgens gingen wir zum Unterricht, Vadim schlief noch fest. Nachmittags, als wir vom

Unterricht zurückkamen, lag Vadim immer noch im Bett und es roch unangenehm im Zimmer. Wir warfen ihn erstmal hinaus zum Waschen und zum Saubermachen. Da Vadim bereits im Restaurant völlig betrunken war, haben die beiden Mitstudenten Vadim nach Hause geschleift, jeder nahm einen Arm und so ging es heim. Sie konnten ihn natürlich nicht so gut halten, da sie auch nicht nüchtern waren und so rutsche er nach und nach etwas tiefer. Das Ergebnis war, dass ein Knie seiner neuen Hose durchgescheuert war vom Asphalt und die Spitzen der Schuhe waren ebenfalls abgerieben, da er die Füße nicht mehr bewegte. Das so schwer verdiente Geld aus der Baubrigade war durch dieses Besäufnis nun hin.

Trotzdem war es richtig wie die anderen Studenten gehandelt hatten. Wenn auf der Straße ein Besoffener lag und die Miliz ihn fand, dann kam dieser für einen Tag in die Ausnüchterungszelle. Diese Polizeistreifen wurden „Lunachod" genannt nach dem sowjetischen Mondfahrzeug. Danach musste er Strafe zahlen und in dem Betrieb in dem er arbeitete wurde ein Foto mit dem Betrunkenen an die Wandzeitung gehängt zur öffentlichen Demütigung und Abschreckung. Für einen Studenten hätte es noch schlimmer ausgehen können, man hätte ihn auch vom Studium entfernen können, die gesellschaftlichen Strafen waren sehr hart.

Reisen innerhalb der Sowjetunion

Zu den Novemberfeiertagen durften wir nicht wegfahren, da am 9. November in der DDR Wahlen waren. Es gab nur nichts zu wählen. Auf dem Wahlzettel standen die Kandidaten der Nationalen Front, das waren die Kandidaten der SED und der Blockparteien, die aber nur zum demokratischen Schein da waren, da die "Blockflöten" das zu machen hatten, was das Politbüro der SED beschloss. Man konnte nur alle wählen oder den Zettel durchstreichen. Es gab auch eine Wahlkabine, aber wer da rein ging, wurde meist notiert und so trauten sich das nur wenige. Das Wahlergebnis stand dann schon vorher fest, es waren immer 98,... % die dafür waren. Für diese sinnlose Zettelaktion mussten wir also in Charkow bleiben, damit auch alle DDR-Bürger zur Wahl gingen.

Dafür sind wir dann über die Maifeiertage nach Odessa geflogen, der Hafenstadt am Schwarzen Meer. Das Wetter war nicht so schön wie erwartet, es regnete und der Rückflug war erst nachts, da es neblig war. So musste man auf dem Flughafen warten und schlafen.

Das Studium war jetzt kein großes Problem mehr für mich, die russische Sprache konnte ich ganz gut und die Fächer waren fachbezogen und nicht so theoretisch wie im Grundstudium. Das lag mir und so bestand ich alle Examen mit gut oder sehr gut. Nach den Prüfungen im Sommer flog ich mit Christine in den Sommerferien nach Leningrad, dem heutigen St. Petersburg. Es ist eine europäisch geprägte Stadt, in einem ganz anderen Baustil als die üblichen russischen Städte. Wir waren begeistert von der Eremitage, der Isaak Kathedrale und dem Petershof. Die Eremitage ist das Winterpalais, ein gewaltiges Museum, in dem nicht nur Kunstwerke ausgestellt sind, sondern jeder Raum ein Kunstwerk für sich ist. Da wir Anfang Juli da waren, erlebten wir die Weißen Nächte, es wird dann nachts nicht mehr dunkel. Es war schon ein Schauspiel, als nachts die großen Brücken hochgezogen wurden, damit die Schiffe passieren können. Das muss man mal erlebt haben.

Danach flogen wir nach Hause, Christine blieb noch ein paar Tage bei mir. Wir hatten eine leere Wohnung, da meine Eltern zu einer Kurreise nach Bulgarien geflogen waren. Der Kurort lag im Gebirge in über 1000 Meter Höhe. Mein

Vater war mit 62 Jahren kurz vor der Rente und befragte vorher noch seine Ärztin, ob er das machen soll, da er schon lange lungenkrank war. Die meinte das wäre kein Problem und er könne dort hinfliegen. Leider war es nicht so. Mein Vater bekam dort eine Lungenentzündung. Er wurde noch in ein Krankenhaus in tieferer Lage gebracht aber verstarb dann nach wenigen Tagen. Meine Mutter musste nun mit all dem in einem fremden Land klarkommen. Telefonieren war kaum möglich, ich schrieb ja schon wie dies aus der Sowjetunion funktionierte. Die Reiseleitung half ihr, aber es war sehr schwer für sie. So flog sie einige Tage eher nach Hause und kam weinend bei uns an. Wir waren auch sehr geschockt und es begann eine schwere Zeit für uns. Durch meine Russisch-Kenntnisse konnte ich mit den Bulgaren noch einiges telefonisch klären, da Russisch und Bulgarisch sehr ähnlich sind. Mein Vater wurde in einem Urnengrab auf dem Friedhof in Mahlsdorf beigesetzt. Die Urne musste mein Bruder noch mit seinem Auto vom Krematorium abholen, da man dafür gerade keine Fahrzeuge hatte.

Praktikum und vormilitärische Ausbildung

Christine fuhr am nächsten Tag nach Halle und musste dann an einer fünfwöchigen vormilitärischen Ausbildung teilnehmen. Diesen Schwachsinn hatten sich die Genossen wieder mal ausgedacht. Da sind die Jugendlichen ein Jahr von zu Hause weg und wenn sie wiederkommen, sollen sie in einem Lager Blödsinn lernen. Das Lager lag auch noch im Erzgebirge neben einer Abraumhalde aus dem Uranbergbau, radioaktive Strahlung war da wahrscheinlich.

Die sowjetischen Studenten hatten im dritten Studienjahr ein Jahr lang, einmal in der Woche vormilitärische Ausbildung, für uns ein freier Tag.

In diesen Sommerferien sollten alle Studenten meiner Fakultät ein Praktikum in einem Maschinenbaubetrieb durchführen. Dies wollte ich nicht in Charkow machen, sondern lieber zu Hause. Nachdem ich die Genehmigung dafür hatte, begann ich in den Ferien das Praktikum bei Niles, im Stammbetrieb des Kombinates 7. Oktober in Berlin Weißensee. Dieser Betrieb stellte Zahnflanken-Schleifmaschinen her. In der Abteilung Technologie und Rationalisierung erhielt ich einen Überblick über die Struktur und das Produktionsprofil des Betriebes und führte eine statistische Auswertung von Messergebnissen durch. In dieser Zeit reifte bereits der Gedanke, nach dem Studium in der Berliner Werkzeugmaschinenfabrik Marzahn anzufangen und nicht in Weißensee. Der Betrieb lag näher an meinem Wohnort und war moderner aufgebaut.

1972 stürzte im August bei Königs Wusterhausen ein Flugzeug der Interflug ab, eine IL62 aus sowjetischer Produktion. Im September stürzten dann noch zwei Flugzeuge vom selben Typ in der Sowjetunion ab, bei Moskau und bei Sotschi. Die Ursachen wurden verschleiert, obwohl die Stasi die Ursache sehr genau aufgeklärt hatte. Wie wir heute wissen, war es ein Konstruktionsmangel, der zu einem Brand im Heck führte. Der sowjetische Flugzeugbauer wies alle Vorwürfe von sich, änderte dann aber heimlich die Konstruktion, so dass bei den neueren Maschinen dieser Fehler behoben war. So funktionierte die Zusammenarbeit im Ostblock. Die DDR bekam keine Entschädigung und musste sich ein neues Flugzeug kaufen.

Nach den noch folgenden kurzen Ferien flog ich wieder nach Charkow. Es lief dieselbe Prozedur ab wie immer zu den Sommerferien. Zum Ende der Studienzeit mussten wir unsere Zimmer komplett räumen und alles in Pappkartons in die Gepäckaufbewahrung in den Keller bringen. Nach den Ferien wurde uns meist ein anders Zimmer zugeteilt, die Zimmer waren dann neu gestrichen. Es sah dann nicht besser aus als vorher. Decke und obere Wand waren mit Schlämmkreide ohne Bindemittel weiß gestrichen, so dass alles abfärbte bei Berührung. Unten gab es einen farbigen Ölsockel mit Farben die gerade vorhanden waren, meist grün aber in diesem Jahr in dunkelblau, einfach schrecklich. Die Fußbodendielen wurden immer dunkelrot gestrichen, wie üblich zu damaliger Zeit, aber es waren keine Lackfarben die glänzten, es sah aus wie Vorstreichfarbe.

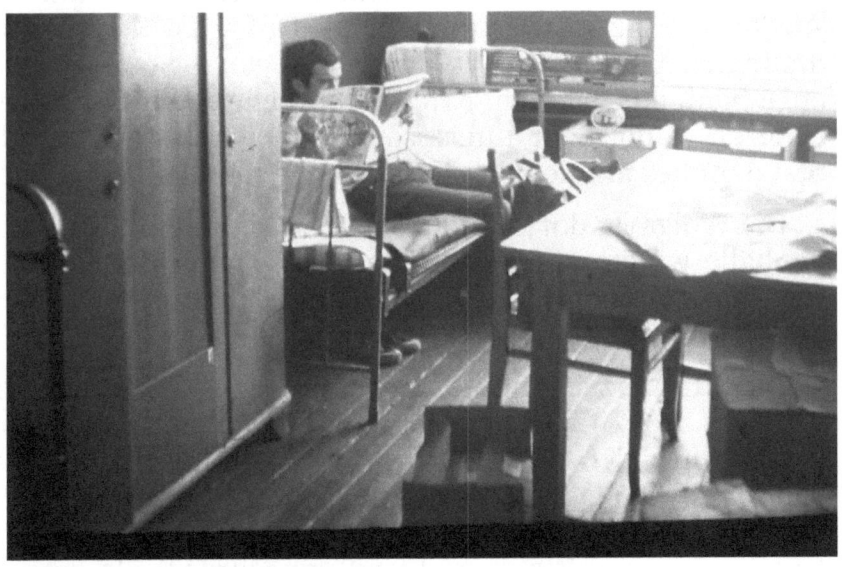

Vadim mit dem Eulenspiegel

Da die sowjetischen Studenten wie jedes Jahr in den Kolchos fuhren, wollte ich die Zeit nicht wieder vergammeln, sondern hatte mit dem Lehrstuhl Zerspanungstechnik einen Vertrag zu einer wissenschaftlichen Arbeit abgeschlossen. Dafür bekam man im Monat 30 Rubel, was das Leben erleichterte. Das Thema war, "Elektroabrasives Schleifen mit Diamantscheiben". Zu diesem Thema konnte ich dann später meine Diplomarbeit schreiben.

Die Berliner Werkzeugmaschinen Fabrik Marzahn (BWF) stellte Innenrundschleifmaschinen her und deshalb beschäftigte ich mich schon im Studium mit dem Innenrundschleifen. So ging ich in die Bibliothek und las jeden Tag Literatur zu meinem neuen Thema.

Wolgograd

Ende September sind wir für eine Woche nach Wolgograd geflogen. Wir machten eine Stadtrundfahrt und besuchten das riesige Denkmal für die Opfer des Kampfes um Stalingrad im zweiten Weltkrieg. Die ganze Stadt war neu aufgebaut, da nach dem Krieg nicht mehr ein Stein auf dem anderen stand. Sehr interessant war die Besichtigung des Staudammes mit dem Wasserkraftwerk auf der Wolga.

Die Wolga ist dort drei Kilometer breit und in der Turbinenhalle waren riesige Turbinen mit einem Wellendurchmesser von einem Meter, das war beeindruckend. Durch eine Turbine floss die Wassermenge der Elbe.

Die Stromerzeugung war extrem billig, 1 kWh kostete 0,1 Kopeken. Am Ufer der Wolga mit einem feinen Sandstrand gingen wir baden und sahen uns noch die etwas armseligen Häuser ohne eigenen Wasseranschluss am anderen Ufer der Wolga an. Ein Mädchen aus unserer Gruppe hatte eine Brieffreundin in Wolgograd und wir wurden alle eingeladen. Es gab zu Essen und zu Trinken, die Gastfreundschaft der Menschen ist unbeschreiblich. Trotz des verheerenden Leids, das der Krieg hervorgebracht hatte, wurden wir willkommen geheißen.

Der Turbinensaal des Wasserkraftwerkes in Wolgograd

Die Vorlesungen und die Seminare begannen wieder im Oktober wie gewohnt. Die Briefe an meine Mutti schrieb ich meisten während der Vorlesung zu dem Fach "Wissenschaftlicher Kommunismus". Das war keine Wissenschaft, das war eine Glaubensfrage und da ich daran nicht glaubte, schrieb ich lieber Briefe.

Zu den Novemberfeiertagen sind Christine und ich nach Donezk gefahren mit unserer Beatgruppe von der Uni. Die Stadt war im Krieg auch stark zerstört und wurde neu aufgebaut mit langen breiten Straßen. Die Abraumhalden vom Steinkohlebergbau sind überall zu sehen. Die Auftritte unserer Beatgruppe waren für uns ein schönes Erlebnis. Diese Stadt ist ja leider wieder ständig in den Schlagzeilen mit der Separatistenbewegung dort. Wenn man das alles damals gesehen hat, kann man es sich kaum vorstellen, dass in einem so friedlichen Land heute Krieg geführt wird. Russen und Ukrainer haben immer friedlich miteinander gelebt, ich wusste nie, ob der Sowjetbürger ein Russe oder ein Ukrainer war, da gab es keine großen Unterschiede.

Neue Kochkünste

Bisher hatte ich fast ausschließlich in der Stalowaja gegessen, aber mit Christine wagten wir uns ans Kochen. Wir hatten beide keine Ahnung und probierten es aus. Fleisch gab es im Laden nicht zu kaufen, es wurde nur unter dem Ladentisch verkauft an gute Bekannte, die dann mehr zahlten. Auf dem Basar konnte man alles kaufen, aber zu höheren Preisen. Das Fleisch hing an Fleischerhaken und war unsachgemäß zerteilt. Die Frauen griffen mit den Fingern an das Fleisch und sahen sich alles an, es war immer Fleisch mit Knochen. Wenn es zu wenige Knochen waren, kippte der Verkäufer beim Kauf noch welche hinzu, es musste aber ein Einheitspreis bezahlt werden. Wollte eine Frau dies nicht, diskutierte der Verkäufer nicht, sondern sagte sofort "der Nächste". Wir kauften auch Fleisch, zerlegten es so gut wir konnten, kochten aus den Knochen Suppe und haben das Fleisch dann gebraten. Die Russen kochten meist alles zusammen und haben das Fleisch erst nach dem Kochen gebraten. So schmeckte es dann auch. Als Gewürze waren nur Pfeffer und Salz bekannt.

An Kuchen versuchte sich Christine ebenfalls. Andere hatten eine elektrische Backform. Das Mehl, das es gab, war kein reines Weizenmehl, sondern mit Roggen vermischt. So wurde es kein heller, weicher Kuchenboden sondern war steinhart, ich wollte ihn schon zur Abschreckung an die Wandzeitung nageln. Mit dem richtigen Mehl klappte es aber dann.

Rückständiges Gesundheitswesen

Christine fühlte sich nicht wohl, sie hatte beim Atmen Schmerzen in der Brust und etwas Fieber. Es wurde aber nicht besser nach ein paar Tagen, und so ging sie doch zum Arzt und kam in eine Krankenstation, die zum Wohnheim gehörte. Dies war kein richtiges Krankenhaus sondern nur ein anderer Ort im Wohnheim. Ich verpflegte sie, da das Essen grausig war. Behandelt wurde nichts. Wir hatten das DDR Buch "Gesundheit" dabei und diagnostizierten eine Rippenfellentzündung, das hatte auch der Arzt festgestellt. Wenn es nicht selber wegging, halfen nur Antibiotika, dies wurden aber nicht verabreicht. So ging ich in die Apotheke und kaufte selber Antibiotika, ein Rezept wie bei uns war dafür nicht erforderlich. So wurde sie nach wenigen Tagen wieder gesund. Es gab auch richtige Krankenhäuser, aber die waren nur für schwierige Fälle. So konnte man schöne Statistiken veröffentlichen mit vielen Krankenhausbetten, da war die DDR wesentlich weiter.

Das Studium bestand für mich hauptsächlich aus Projekten. Wir bekamen am Semesteranfang eine Aufgabe und mussten zum Beispiel ein Getriebe konstruieren, das berechnet wurde und dazu mehrere Zeichnungen im Format A1 erstellen. Dazu brauchte man mehrere Wochen, da man nicht jeden Tag Zeit dafür hatte. Die Berechnungen und Beschreibungen waren alle handschriftlich, Computer mit

Schreibprogrammen waren noch unbekannt und eine Schreibmaschine hatten wir auch nicht.

Zu Lenins Geburtstag im April fand immer eine „Leninprüfung" statt, organisiert vom Komsomol, der sowjetischen Jugendorganisation. Wir nahmen auch daran teil. Jeder Student musste Selbstkritik üben und dann erzählen, was er im nächsten Jahr besser machen möchte. Dies wurde dann als Selbstverpflichtung von allen abgenommen und man bekam auch eine Zensur dafür. Wir empfanden das meist als gesellschaftlichen Schwachsinn, dem man aber nicht entgehen konnte.

Leninprüfung, auf dem Weg zum Lenindenkmal

Weltfestspiele 1973 in Berlin

Vom 28. Juli bis zum 5. August 1973 fanden in Berlin die X. Weltfestspiele der Jugend und Studenten statt. Da wir Ferien hatten, gingen wir natürlich auch dorthin. Neun Tage lang herrschte der Ausnahmezustand in Berlin. Rund acht Millionen Menschen kamen in diesen Tagen in Berlin zusammen, darunter auch über 25.000 ausländische Schüler und Studenten aus 140 Ländern. Der Alexanderplatz war voll mit Menschen, viele DDR-Jugendliche im FDJ-Hemd und einem Halstuch, das es zu den Spielen gab. Es sollte der internationalen Öffentlichkeit das Bild eines liberalen und weltoffenen Staates vermitteln.

Weltfestspiele 1973 in Berlin

Überall standen kleine Gruppen von Jugendlichen aus der ganzen Welt, die über alles Mögliche diskutierten. Es war ein buntes Treiben auf den Straßen und Plätzen der Stadt. Von über 90 Bühnen ertönte Musik, vom politischen Lied bis zur Beat- und Rockmusik war alles vertreten, das war einmalig. Die Jugendlichen diskutierten und feierten bis in die frühen Morgenstunden. Es war wie ein Aufbruch in der Gesellschaft, der aber nicht lange anhalten sollte.

Wohnen im Wohnheim

Nach den Sommerferien wurden die Zimmer wieder neu aufgeteilt, Bernd hatte nur noch ein halbes Jahr bis zum Abschluss und kam in ein anderes Wohnheim, ich zog mit einem Vietnamesen, Vadim und einem sowjetischen Studenten, den ich gut kannte zusammen in ein Zimmer. Vietnamesen studierten sehr viele in den sozialistischen Ländern, in der DDR so auch in der Sowjetunion, es war eine große Landsmannschaft, die straff organisiert war.

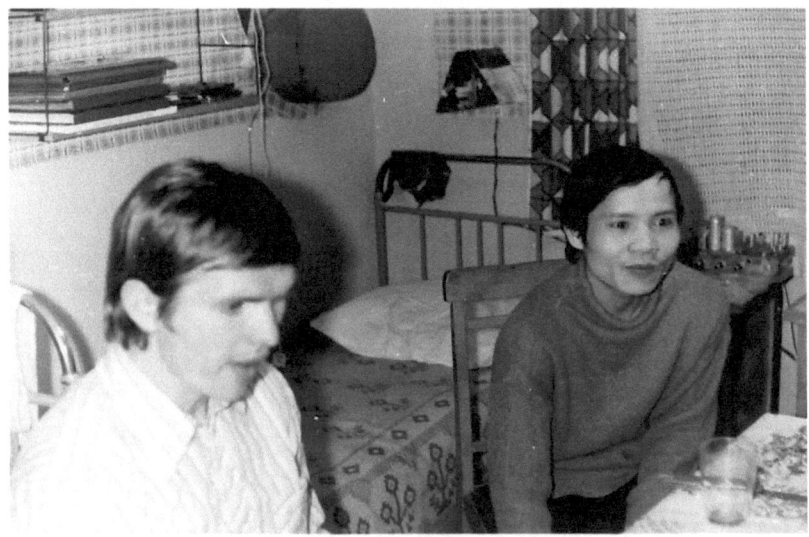

Unser vietnamesischer Mitbewohner Nguyen

Sie waren äußerst strebsam und fleißig, das verlangte man auch von ihnen, aber das wollten sie auch selber, etwas lernen um in der Heimat Aufbauarbeiten leisten zu können. Das Ergebnis dieses asiatischen Fleißes sehen wir heute in China. Innerhalb von 25 Jahren wurde aus einem rückständigen Agrarland ein Industrieland, das sich in der Industrieproduktion an die Weltspitze gestellt hat. Vietnam versucht diesen Weg zu kopieren.

Wir hatten auch noch Studenten aus anderen Nationen, aus Afrika und aus den arabischen Staaten, wie Algerien. Bei einem Vergleich zwischen den Arabern und den Vietnamesen stellt man große Unterschiede fest. Vietnamesen waren in der Mehrheit bescheiden aber fleißig, die Araber waren zumeist das Gegenteil, große Klappe und noch faul dazu. Da wurde mir klar, warum es Vietnam gelungen war die Amerikaner mit ihrer modernen Kriegstechnik aus Vietnam zu vertreiben und warum im Nahen Osten diese Maulhelden bis heute gegenüber Israel keine Chance haben. Man bekriegt sich untereinander im blinden religiösen Fanatismus und ist unfähig eine zivile Gesellschaft aufzubauen. Ich kam jedenfalls sehr gut mit Nguyen aus, er war für mich ein freundlicher Mitbewohner. Leider ist der Kontakt zu Nguyen abgebrochen, da es zu damaliger Zeit fast nicht möglich war einen Briefkontakt aufrecht zu erhalten.

2015 haben wir Vietnam besucht auf einer Rundreise. Meine Versuche einer Kontaktaufnahme über unseren Reiseleiter waren ebenfalls vergebens. So haben wir aber einen Eindruck von diesem interessanten Land gewonnen, mit ihren freundlichen Einwohnern, dem quirligen Leben in den Städten mit Millionen von Motorrollern. Noch heute leidet ein Teil der Bevölkerung an den Folgen des Krieges mit den USA, dem verbrecherischen Einsatz von dioxinhaltigen Entlaubungsmitteln, die schlimmste Behinderungen bei Neugeborenen hervorrufen. Auch die Tunnelsysteme von Cu Chi in der Nähe von Saigon haben wir besichtigt, in denen sich die Vietnamesen über viele Jahre versteckt hielten und gegen die Amerikaner kämpften. Es ist ein Land, das sich in den letzten 40 Jahren unter einem staatlich gesteuerten Kapitalismus sehr gut entwickelt hat.

Christine wohnte mit einer Studentin aus den Philippinen zusammen. Die Kommunistische Partei hatte sie zum Studium in die Sowjetunion geschickt. Das ergab sich nach Aufteilung der Zimmer, und so hatte sie sich der ständigen Kontrolle der DDR-Landsmannschaft etwas entzogen.

Traktorenwerk

Es wurde wieder auf den Kolchos gefahren und diesmal sollten wir mitfahren. Die treuen Genossen aus unserer Landsmannschaft sind fast betteln gegangen, dass wir mitfahren dürfen. Ich wollte nicht und sagte das auch. Dafür gab es den Plan, in dieser Zeit in einem Werk in Charkow zu arbeiten.

Im Charkower Traktorenwerk, einem Großbetrieb mit 14 Tausend Beschäftigten wurden Raupenschlepper hergestellt in zwei Schichten. Ich wurde eingeteilt zum Entgraten und Säubern von Teilen in einer riesigen Werkhalle. Dort wurden Gehäusedeckel für das Getriebe gefräst. Wenn der Fräser neu war, waren die Oberflächen glatt und ich brauchte nur entgraten. Das Werkzeug wurde mit der Zeit stumpf und die Vibration der Maschine übertrug sich auf die zu fräsende Dichtfläche. Mir wurde eine zerschlagene Schleifscheibe gegeben, mit der ich die Riefen aus dem Aludeckel heraus reiben sollte, dann war der Gütekontrolleur zufrieden. Die Abdichtung zum Gehäuse erfolgte mit einer Pappdichtung. Durch das Herausreiben der Riefen war das Gehäuse nun nicht mehr dicht, denn der Deckel war nicht mehr eben und das Getriebe musste somit Öl verlieren. Ich wunderte mich über solch einen Blödsinn und fragte nach. Das sahen sie nicht als Problem an, jedenfalls nicht für den russischen Traktoristen. Nach dem Wechsel des Fräsers wurden Teile gesondert gesammelt, also Teile ohne Riefen, und mit einem Pappetikett auf dem ein "E" stand versehen. Auf meine Frage erklärte man mir, dass aus diesen Teilen Traktoren für den Export hergestellt werden. Das war ja ein tolles System. Der sowjetische Traktorist bekam den Schrott, der schon im neuen Zustand nicht funktionieren konnte, und das Gute ging in den Export. Ich erhielt für die zwei Wochen 70 Rubel, hatte einen interessanten Einblick in einem sowjetischen Großbetrieb erhalten und war zufrieden.

Da fragte ich mich, wie die Sowjetunion es zustande gebracht hatte in den Weltraum zu fliegen, und weshalb die Militärtechnik auch gut funktionierte? Die Antwort darauf erhielt ich später von einem Mitstudenten, der vorher schon gearbeitet hatte und das System kannte. Die ganze Militär- und Weltraumtechnik wurde in besonderen Betrieben hergestellt, es gab keine Mischproduktion von zivilen und militärischen Ausrüstungen. Die Arbeiter wurden besser bezahlt, erhielten vorrangig Wohnraum und andere Vergünstigungen. Jeder Arbeiter kennzeichnete jedes Teil mit einem Prägestempel oder einer anderen Erfassungsmethode, so dass bei einem Ausfall eines Teiles immer festgestellt werden konnte, wer dafür verantwortlich war. Das wusste jeder Arbeiter und er kannte auch die Folgen. Da konnte man schnell mal für zehn Jahre in Sibirien landen, wenn man nicht sorgfältig arbeitete. Außerdem verwendeten die Russen immer einfache Konstruktionen, die sich auch sicher fertigen ließen und bei allen Temperaturen noch funktionierten. Deutsche Konstruktionen sind dagegen oft kompliziert und sie funktionieren nur auf Grund einer präzisen Fertigung.

Die Maschinenpistole Kalaschnikow wurde deshalb bis heute zur meistverwendeten Waffe, da sie einfach ist und immer funktioniert. Um sie auseinander zu nehmen und wieder zusammenzusetzen braucht man kein Ingenieur zu sein, das kann jeder Bauer. Dieses System, immer einfache Lösungen zu finden, half mir auch später im Arbeitsleben. Komplexe Konstruktionen mit allen nur möglichen Bedienvarianten werden als "Eier legende Wollmilchsau" bezeichnet. So etwas braucht keiner und ist nur störanfällig. Leider gibt es davon genug negative Beispiele. Ich versuche immer so etwas nicht zu kaufen, leider kann man manchmal erst später feststellen, was im Innern verborgen ist.

Das Studium war jetzt nicht mehr so anspruchsvoll und interessant. Wir hatten Fächer wie Betriebsökonomie, Produktionsplanung, Normierung und Arbeitshygiene. Da hatte ich viel Zeit und verbrachte die auf dem Lehrstuhl für Zerspanungstechnik mit meinem Projekt oder suchte in der Bibliothek nach Literatur dazu.

Abends ging ich mit Christine öfters mal ins Kino und in die Oper oder zu Konzerten. Die Oper war meistens leer. Es waren zwar fast alle Karten verkauft, die gingen an Betriebe, Institute oder die Uni, die diese als Paket zwangsweise abzunehmen hatten, aber es kamen nur wenige. Auf dem Papier konnte eine hohe Auslastung nachgewiesen werden, aber das Interesse der Bevölkerung daran war gering. So kauften wir immer die billigsten Plätze und saßen dann im Parkett in den ersten Reihen.

Sto Gramm und mehr

In die sowjetische Seminargruppe war ich gut integriert, da ich auch der einzige Deutsche war und in den Pausen nicht abseits stand, sondern mit den sowjetischen Studenten redete. Als zwei aus meiner Gruppe heirateten, luden sie mich zu ihrer Hochzeitsfeier ein. Ich fuhr mit den anderen mit dem Bus in ein kleines Dorf, einige hundert Kilometer entfernt. Eine Erlaubnis hatte ich mir nicht geholt, da ich nicht alleine war und auch schon gut Russisch sprach. Die Feier fand in einem typisch russischen Haus statt, mit Küche, Wohnraum und Schlafzimmer. Die Toilette war ein Trockenklo in einer Bretterbude am Ende des Gartens. Es war kalt und der Wind pfiff durch die Ritzen. Im Haus war es sehr warm, Essen und Trinken war zur Genüge vorhanden. Nach zwei Tagen ging es wieder zurück mit dem Bus.

Geburtstage wurden meist in kleinen Gaststätten gefeiert. Man bestellte eine Flasche Wodka und Wasser, so bekam jeder ein Glas. Dann goss man den mitgebrachten Selbstgebrannten ein. Der war meistens 70%-ig, und roch und schmeckte nach Backhefe, da man ihn auf den Dörfern mit Zucker und Backhefe herstellte. Das ist wohl auch der Grund warum die Russen immer „Sto Gramm" (100 Gramm) das Zeug trinken. Nach drei Gläsern konnte man den Geruch nicht mehr ertragen und halb besoffen ist rausgeschmissenes Geld, war der Standardspruch der Russen.

Bei einer Geburtstagsfeier saßen neben mir zwei Mädels aus der Seminargruppe. Sie wollten den Schnaps nicht trinken und schoben mir die Gläser zu. So hatte ich innerhalb von zwei Stunden ca. eine Wodkaflasche geleert. Das bekam mir natürlich dann gar nicht gut und ich war erst am nächsten Tag wieder nüchtern und konnte mich auch an die Nacht nicht mehr erinnern.

Bernd und seine beiden Mitstudenten, die ein Jahr vor mir waren, schrieben ihre Diplomarbeit und beendeten das Studium nach fünfeinhalb Jahren. Wir feierten Abschied und sie fuhren mit viel Gepäck nach Hause. Jetzt war ich im nächsten Jahr dran das Studium zu beenden.

Examen

Da Christine ein Examen ohne Erlaubnis im Winter vor-gegeben hatte, wurde ihr von der Landsmannschaft verboten ein Jahr lang Examen vorzugeben und auch nicht wegzufahren innerhalb der Sowjetunion. Da spielten die kleinen roten Spießer ihre Macht aus, es war wie in der DDR nur in klein. Dafür war sie jetzt Mitglied in einem "Sozialistischen Studentenkollektiv". Für mich war das Schwachsinn, aber die Mitstudenten von Christine fanden das noch gut.

Die letzten Examen standen für mich an, das war eine Erleichterung, da ich immer Prüfungsangst hatte. Damals hatte ich mir schon geschworen, nie wieder ein Studium oder eine andere Weiterbildung zu machen, bei der man eine Prüfung ablegen muss. Da kam es mir auch entgegen, dass ich gelernt hatte, mir selbständig jedes Wissen was ich benötigte anzueignen. Das ist auch der Sinn eines Studiums, Verfahren kennen zu lernen, um sein Wissen jederzeit zu erweitern. Das Faktenwissen, das ich im Studium gesammelt hatte, war schnell wieder vergessen oder ich habe es nie benötigt im Arbeitsleben, dafür war oft ein anderes Wissen erforderlich. Heute ist es über das Internet noch einfacher geworden sich Wissen schnell anzueignen, eine echte Bereicherung im Leben.

Wie sinnlos das Abfragen von Faktenwissen war, erlebte ich selber am Lehrstuhl für Zerspanungstechnik. Ein Mitstudent, der dort ebenfalls arbeitete, sollte Fotopapier kaufen. Als er die Packung übergab, stellte der Dozent fest, dass sie offen war. Auf seine Frage antwortete der Student, dass er mal nachgesehen habe, wie Fotopapier aussieht. Damit war das lichtempfindliche Papier unbrauchbar geworden. Wir wunderten uns, da er im Studium sehr gute Noten hatte, aber er hatte ein fotografisches Gedächtnis. Er konnte ganze Bücher durchblättern und merkte sich nach wenigen Sekunden den Inhalt der Seiten. Wenn er in der Prüfung saß, blätterte er wieder im Kopf und las die Abschnitte aus dem in seinem Gehirn gespeicherten Buch vor. So kam er durch das Studium, obwohl er inhaltlich nichts verstanden hatte.

Wie schon in der Schule war man auch bei den Examen versucht zu schummeln. Da gab es verschiedene Methoden, die die sowjetischen Studenten entwickelt hatten, zum Beispiel die "Bomben". Der Dozent hatte ca. 30 bis 50 Zettel mit Fragen, und mit diesen Zetteln wurden mehrere Gruppen an unterschiedlichen Tagen geprüft. Immer wenn ein Student fertig war mit der Prüfung, fragte ihn ein Student aus einer anderen Gruppe, die danach dran war, nach den Fragen und der Nummer, die auf dem Zettel stand. So hatte man alle Fragezettel des Dozenten zusammen und konnte diese vorher ausarbeiten, in dem die Fragezettel auf mehrere Studenten aufgeteilt wurden. Ein Student nahm dann die Sammlung an Zetteln mit den Antworten (Bombe) mit in die Prüfung und verteilte die fertigen Antworten an die entsprechenden Mitstudenten. Dazu wurde ein Taschentuch in das Jackett von innen genäht. Man konnte unauffällig dort hineingreifen und die Zettel abzählen, um den Richtigen zu finden. Mädchen nähten sich das Taschentuch unter den Rock, da war es noch sicherer. Die zweite Methode, Ziehharmonikas, war geeignet für Formeln, die man sich schlecht merken konnte. Ziehharmonikas, gefaltete schmale Zettel, die in die Hand passten und vorher in einer Tasche im Jackett waren. Mit dem Kugelschreiber konnte man die Ziehharmonika unauffällig in der hohlen Hand umblättern.

Für einige DDR-Studenten war das nun gar nicht vereinbar mit der sozialistischen Moral. Sie wollten die sowjetischen Studenten erziehen und sprachen in Komsomol-

Versammlungen das Thema an. Sie hatten nicht begriffen, dass wir hier Gäste sind und deshalb sollten wir uns mit Belehrungen zurückhalten. "Am deutschen Wesen soll die Welt genesen" gab es ja schon einmal.

Hochzeit

Mit Christine lebte ich nun schon seit mehr als zwei Jahren zusammen, wir verstanden uns gut und so beschlossen wir im Sommer 1974 zu heiraten. Für junge Ehepaare bis 26 Jahre gab es zusätzlich noch einen zinslosen Ehekredit über Fünftausend Mark, was eine Menge Geld war und bei der Einrichtung einer ersten Wohnung half. Die Abzahlung war mit 50,- Mark im Monat sehr gering, außerdem wurden einem 1000 Mark beim ersten Kind und 1500 Mark beim zweiten Kind erlassen.

Die Eheringe in Gold kauften wir in Charkow, da man in der DDR kein Gold kaufen konnte. Es gab nur die Möglichkeit sich bei einem Juwelier Ringe anfertigen zu lassen, wenn man das Gold dafür mitbrachte.

Für mich war bereits klar, wo ich nach dem Studium arbeiten werde, in der Berliner Werkzeugmaschinenfabrik Marzahn (BWF). Als Hochzeitsreise erhielt ich von dort einen Platz an der Ostsee in einem Zeltlager, das jedes Jahr in Koserow auf Usedom aufgebaut wurde. Wir waren allerdings froh, so an die Ostsee zu kommen, es waren dort Hauszelte mit Tisch, Stühlen und Propangaskocher aufgebaut, man brauchte also nur seine persönlichen Sachen mitbringen. Der Zeltplatz war nicht so komfortabel wie heute, zum Waschen waren nur Waschrinnen mit kaltem Wasser und Plumpsklos vorhanden. Aber wir hatten ja die Ostsee und badeten dort jeden Tag am Steilufer am FKK-Strand. So lernte man schon mal einige Kollegen kennen, die einem später behilflich waren.

Zeltlager in Koserow an der Ostsee

Wir heirateten in Halle, die Trauung war in einem festlichen Saal des alten Rathauses.

Seit dem Tod meines Vaters wohnte meine Mutter alleine in der 4-Zimmerwohnung ihres Hauses in Berlin. Damit war klar, dass ich überhaupt keinen Anspruch hatte auf eine Wohnung, Christine musste ja auch noch zweieinhalb Jahre studieren, selber hatte ich noch ein halbes Jahr bis Studien-ende. So räumten wir die Wohnung um, meine Mutter behielt zwei Zimmer und wir hatten zwei Zimmer. Wir malerten alles und dann versuchte ich Stück für Stück die Zimmer einzurichten. Als erstes kauften wir vom E-hekredit einen Waschvollautomaten, da meine Mutter nur eine alte Waschmaschine hatte. Die Beschaffung der Möbel und des Hausrates gestaltete sich als viel schwieriger. Wir suchten uns eine Schrankwand aus und meldeten uns darauf an, denn so wie heute in den Möbelmärkten gab es nichts zu kaufen ohne Anmeldung, nur Kleinmöbel.

Diplomarbeit

Nach den Ferien flog ich vorerst das letzte Mal mit Christine zurück nach Charkow. Die sowjetischen Studenten fuhren wie jedes Jahr auf den Kolchos, und so ging für die anderen DDR-Studenten die Gammelei wieder los, allerdings nicht für mich.

Mein Thema für die Diplomarbeit wurde noch mal konkretisiert, entsprach aber im Wesentlichen dem Thema, das ich schon vorher am Lehrstuhl für Zerspanungstechnik angefangen hatte: "Die Erforschung der Besonderheiten beim elektroabrasiven Innenrundschleifen mit Diamantscheiben". Für einen Außenstehenden etwas schwer zu verstehen. Es ging um den Einsatz von Diamantscheiben, wobei die Diamantkörner in einem Metall gebunden waren. Nach einiger Bearbeitungszeit wurde die Scheibe stumpf, da sich die Diamantkörner abgenutzt hatten. Ein Abrichten der Scheibe mit einem Diamanten, wie es gewöhnlich bei keramisch gebundenen Scheiben gemacht wird, funktionierte hier nicht. Es sollte das bindende Metall zwischen den Diamantkörnern durch Funken weg gebrannt werden, durch einen Impulsstrom der zwischen Werkstück und Schleifscheibe anlag. Die Diamantkörner lagen wieder frei und konnten am Werkstück schleifen. Dazu mussten unzählige Versuche gemacht werden mit unterschiedlichen Schleifscheiben und Werkstücken. Das Verschleißverhalten der Schleifscheibe und der Abtrag am Werkstück wurden erfasst und aus all dem erstellte ich Grafiken. Die Grafiken mussten per Hand gezeichnet werden auf großen Plakaten in der Größe A1 mit Überschriften, Bildern und weiteren Erklärungen, so dass ich zur Verteidigung der Diplomarbeit 15 Plakate erstellt hatte.

Bei meiner Diplomarbeit am Lehrstuhl für Zerspanungstechnik

Der Prüfungskommission erklärte ich dann meine Ergebnisse anhand dieser Plakate. Die Grafiken fotografierte
ich vorher ab, entwickelte die schwarz-weiß Bilder in der
Dunkelkammer und klebte diese in meine fertig geschrie-
bene Diplomarbeit. In der Zeit am Lehrstuhl hatte ich auch
das Entwickeln von schwarz-weiß Filmen gelernt und das
Herstellen der Bildabzüge. Digitaldruck wie heute war ja
noch nicht erfunden.

Die Diplomarbeiten wurden von den Studenten handschriftlich verfasst. Bei mir machten sie eine Ausnahme

und die Sekretärin schrieb alles mit der Schreibmaschine ab und korrigierte dabei gleich meine Rechtschreibfehler. Dadurch habe ich auch ein Exemplar der Arbeit erhalten, als zweiten Durchschlag.

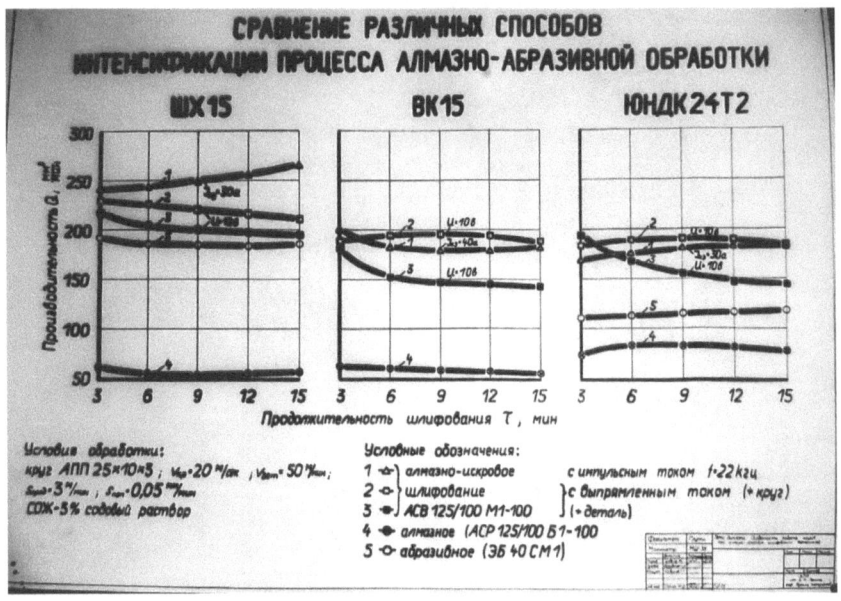

Plakate für die Verteidigung der Diplomarbeit

Das war eine wochenlange Arbeit, bis ich zum Verteidigungstermin im Februar alles fertig hatte. Mein Betreuer war ein Aspirant am Lehrstuhl, der innerhalb von zwei bis drei Jahren seine Doktorarbeit schrieb. Die Grundlage dafür waren verschiedene Diplomarbeiten, die dann zu einem umfassenden Ergebnis zusammengeführt wurden. Jede Arbeit hatte natürlich am Ende ein Literaturverzeichnis, aber es war technisch gar nicht möglich jeden Satz zu kennzeichnen, der aus einem Buch oder einer anderen Arbeit übernommen wurde.

Über die gegenwärtige Diskussion der abgeschriebenen Doktorarbeiten kann ich da nur lächeln. Im Prinzip wurde schon immer aus vielen Diplomarbeiten eine Doktorarbeit und aus vielen Doktorarbeiten wurde eine Professur. Natürlich konnte man damals nicht kopieren und einfügen, wie mit heutigen Schreibprogrammen, aber inhaltlich wurde schon damals geistiges Eigentum anderer übernommen.

Mitte Februar war die Verteidigung meiner Diplomarbeit, ich bekam eine 5, also ausgezeichnet, und damit ein "Rotes Diplom". Das erhielt man nur, wenn man keine 3 hatte im Laufe der Studienzeit und 75% der Examen mit 5 bestanden hatte. Da die Verteidigungen der Diplomarbeiten nicht alle an einem Tag waren, gab es ständig einen Grund zum Feiern.

Ende Februar erhielten wir feierlich unser Diplomzeugnis, und damit war mein Studium beendet, ich war nun Diplom-Ingenieur für Maschinenbau und fuhr etwas wehleidig nach Hause. Christine hatte noch zwei Jahre Studium zu absolvieren, und so würden wir uns nur in den Semesterferien sehen können.

Das Diplom in Ukrainisch und Russisch

Abschied von meiner Seminargruppe 1975

5. Leben in der DDR

BWF-Marzahn

Nach der Rückkehr aus der Sowjetunion begann ich in der Berliner Werkzeugmaschinen Fabrik Marzahn (BWF) als Versuchsfeldingenieur zu arbeiten. Das Gehalt mit 860,- Mark Brutto war überall gleich, ausbezahlt bekam ich knappe 700,- Mark. Die Lohnsteuer war sehr maßvoll mit 5% für Arbeiter und 10% für Angestellte. Kranken- und Rentenversicherung kamen noch zum Abzug. Bei BWF wurden hauptsächlich Innenrundschleifmaschinen hergestellt, als Universalmaschinen und als Spezialmaschinen für die Wälzlagerindustrie. Dort wurden die Ringe und die Laufbahnen von Kugellagern und Rollenlagern geschliffen. Die gesamte Produktion befand sich in einer großen Halle von 200 x 200 Metern. Die Bürogebäude lagen an den Seiten. Die Verpackungsabteilung hatte einen Bahnanschluss, so dass die Kisten mit den fertigen Maschinen direkt auf die Güterwaggons zur Auslieferung kamen. Es war eine hochmoderne Fertigung.

In den ersten sechs Wochen machte ich erst einmal einen Produktionsdurchlauf, das heißt ich arbeitete in der Produktionshalle in verschiedenen Abteilungen, damit ich die Maschinen und Abläufe besser kennen lernte. Das war sehr hilfreich für mein späteres Arbeitsleben. Ich hatte immer persönlichen Kontakt zu Meistern und Brigadieren aus der Maschinenmontage, der Einrichtung und Endabnahme der Werkzeugmaschinen. Da ich dort richtig mitarbeitete, war ich für die Arbeiter nicht der Schnösel aus dem Büro. Das kann ich nur jedem empfehlen, der in einem Betrieb neu anfängt.

Das Versuchsfeld mit dem Musterbau unterstand der Konstruktionsabteilung, die von Professor Bahmann geführt wurde. Auch dies war ein unschätzbarer Vorteil, da nicht der Konstrukteur seine eigene Konstruktion überprüfte, sondern unabhängige Mitarbeiter. Dadurch wurden viele Fehler schon vorher aufgedeckt, bevor es in die Fertigung ging. Neue Maschinen wurden immer in zwei Mustern gebaut, eine davon untersuchten wir im Musterbau, führten Schwingungsmessungen, schleiftechnische Untersuchungen und andere Messungen durch und die zweite Maschine kam zur Industrieerprobung in einen Fertigungsbetrieb.

Meine erste Aufgabe war die Erprobung einer neuen Maschine SI4MS. Dies war eine Kombinationsschleifmaschine, die eine Bohrung und eine Außenfläche gleichzeitig schleifen konnte mit einer Werkstückwechseleinrichtung, eine Weltneuheit.

Das Problem lag in der Steuerung. Es standen zwei Elektroschränke hinter der Maschine, die genauso groß waren wie die eigentliche Maschine. Im Inneren arbeiteten zwei Translog-Steuerungen. Dies war eine kontaktlose Relaissteuerung. Anstatt der bisher verwendeten mechanischen Relais wurden diese durch Transistoren ersetzt, aber waren genauso aufgebaut wie Relais mit Steckkontakten und nahmen auch denselben Platz weg. Für solch eine komplexe Aufgabe waren diese Steuerungen nicht mehr brauchbar, die Störanfälligkeit war sehr hoch. Wenn etwas nicht mehr ging, musste ein Elektriker kommen und den fehlerhaften Baustein finden und diesen austauschen. Auch die mechanischen Zustellungen beim Schleifen waren sehr störanfällig. Diese Maschinenkombination war eine gute Idee, aber erst Jahre später konnte man das mit anderen Zustelltechniken und Steuerungen gut realisieren.

Die Industrieerprobung führten wir im Sachsenringwerk in Zwickau durch, in der Getriebefertigung für das DDR-Auto Trabant. Es waren alte Werkhallen, nicht hoch gebaut, die Fertigung lief in zwei oder drei Schichten. In den Hallen war es im Sommer stickig und heiß. Wir schliffen ein Zahnrad aus dem Getriebe des Trabants. Der Meister in der Getriebefertigung musste dafür sorgen, dass alle Teile pünktlich an das Montageband kamen. Ein Stillstand in der Montage war der Supergau. Die Maschine musste warm sein, dann funktionierte alles sehr gut. Am Anfang gab es immer Abweichungen vom Sollmaß, die dann laufend korrigiert wurden, bis es lief. Dabei fielen auch Ausschussteile an, die wir extra stellten. Doch diese Teile waren dann plötzlich verschwunden, nicht im Schrott, sondern der Meister gab diese in die Montage, wenn keine anderen Teile verfügbar waren, damit nur nicht das Band zum Stehen kam. Wenn man solch ein Auto bekam, war das Getriebe auch mal vorzeitig defekt. Wenn wir früh kamen, waren oft die Einstellungen an der Maschine verändert, die Taktzeiten waren jetzt kürzer, das ging aber zu Lasten der Qualität, es konnte zu Schleifbrand kommen.

Die Arbeiter erzählten uns dann, dass sie bei einer 8-Stunden-Schicht in sechs bis sieben Stunden fertig sein wollten, um noch etwas Zeit zum Quatschen zu haben. Die Arbeit in diesen Werkhallen war sehr hart, da konnte man es schon verstehen. Wir versuchten dann die Schleifabläufe zu optimieren. Diese neue Maschine konnten wir übergeben und sie wurde jahrelang mit einer zweiten Maschine eingesetzt. Allerdings blieb der große Erfolg aus und es wurden nur wenige Exemplare davon gebaut.

BWF-Schleifmaschinen

Die Hauptproduktion im Werk waren die Wälzlagerschleifmaschinen. Mit diesen Maschinen wurde die Innenbohrung oder die Laufbahn für Kugellager geschliffen. Die Teile rollten über Zuführungen direkt in die Maschine und lagerten in Gleitschuhen. Der Werkstückwechsel erfolgte innerhalb einer Sekunde, das war Spitzentechnologie. Auch das Schleifen erfolgte automatisiert, einschließlich des Abrichtens der Schleifscheibe mit einem Diamanten. Die normale Stückzeit lag bei Ringen mit 20 mm Durchmesser bei 8 bis 10 Sekunden. Für die japanische Firma Koyo erhielten wir einen Auftrag zur Lieferung von Maschinen mit einer Stückzeit von 5 Sekunden. Mit den entsprechenden Schleifscheiben aus westlichen Firmen konnten wir dies erfüllen und die Maschinen sogar nach Japan liefern.

Diese Maschinen benötigten Schleifspindeln mit sehr hoher Drehzahl, das ging bis maximal 120 Tausend Umdrehungen pro Minute. Diese Spindeln waren Drehstrommotoren, die über einen Frequenzwandler angetrieben wurden. Die Spindeln mussten hochpräzise gefertigt werden, wir bezogen diese von der italienischen Firma Gamfior. Die Kugellager in den Spindeln lieferte SKF, mit einer sehr hohen Genauigkeit und sie wurden mit Ölnebel geschmiert. Meine Aufgabe war es, die Spindeln zu untersuchen. Wir hatten ein kapazitives Messgerät, mit dem man den Rundlauf der Spindel messen konnte, da dieser Rundlauf auf das zu schleifende Werkstück übertragen wurde. Die Aufzeichnung erfolgte auf einen schnell laufenden Film, den man danach entwickelte. Ich untersuchte auch Schleifspindeln anderer Hersteller, aber an die Qualität der Gamfior-Spindeln kam keiner ran.

Nach den Untersuchungen schrieben wir immer Berichte. Diese schrieb ich mit Bleistift vor. Dann las mein Gruppenleiter den Bericht und ich korrigierte seine Anmerkungen, zerschnitt und klebte die Seiten wieder zusammen. Danach las mein Abteilungsleiter den Bericht und ich konnte wieder zerschneiden und kleben, manchmal so wie es zum Anfang war. Computer und Schreibprogramme waren immer noch unbekannt. Zum Schluss tippte die Sekretärin mit der Schreibmaschine alles auf Ormigpapier ab und danach konnten die Ormigabzüge hergestellt werden, das Verfahren habe ich schon vorher beschrieben. Auch Papier war in der DDR knapp und so bekam BWF Fehldrucke der Bier- und Brauseetiketten auf großen Bögen, die dann in A4 zerschnitten wurden. Auf der Rückseite der Berichte waren noch die Bieretiketten. Wenn ein Bericht an den Kombinatsdirektor oder den zuständigen Minister ging, so sollte neues weißes Papier verwendet werden. Eines Tages haben sie dem Minister einen Bericht mit Bieretiketten auf der Rückseite geschickt. Da gab es eine heftige Reaktion, wie wir es wagen konnten, dem Minister so etwas zu schicken. Dass wir täglich damit umgehen mussten und die unzureichende Wirtschaft der DDR daran schuld war, wollte er nicht wissen.

Neuererwesen oder Unwesen

In allen volkseigenen Betrieben gab es eine Abteilung für das Neuererwesen, das war die neue Bezeichnung für Verbesserungsvorschläge der Mitarbeiter, die ja durchaus sinnvoll sein können. Hier gab es natürlich auch einen Plan zu erfüllen. So wurden Bauvorhaben von Vorrichtungen oder anderen Hilfsmitteln im Betrieb unter diesem Namen durchgeführt. Man musste sich das Vorhaben zuerst genehmigen lassen und bei Erfolg gab es eine nicht unerhebliche Prämie. So leitete ich für den Musterbau die Konstruktion und Herstellung eines Hydraulikprüfstandes und eines Riemenprüfstandes. Ein Kollege, der vorher als Konstrukteur gearbeitete hatte, erstellte die Zeichnungen und die Geräte wurden im Musterbau gefertigt und montiert. So erfüllten wir immer vorbildlich den "Neuererplan". Es waren also nicht nur die kleinen Verbesserungen an den Maschinen, sondern eigenständige Konstruktionen, die wir darüber erstellten. Manchmal wurde dann diese Nebentätigkeit zum Haupttätigkeitsfeld. Anschließend erhielt jeder Mitarbeiter an diesen Objekten eine Geldprämie.

Ein Treffen mit Stephan

Nachdem Stephan das Studium in der Sowjetunion vorzeitig beenden musste, verging erstmal ein Jahr, bis er in der DDR weiterstudieren durfte. Auch hier haben ihm wieder seine Eltern geholfen, die immer die Hand über ihren Sohn hielten. Stephan studierte jetzt wieder an der Humboldt-Universität in Berlin. Alles hätte noch gut enden können. Als ich ihn besuchte, wohnte er im Gartenhaus seiner Oma, die verstorben war. Es war ein kleines Häuschen mit Ofenheizung, eigentlich sehr schön für einen Studenten. Stephan nutzte die nun neu erworbene Freiheit leider etwas anders. Es sah innen wüst aus, leere Wein- und Bierflaschen standen herum, ich war über diese Lebensweise entsetzt. Stephan sprach von einer Musikkarriere, die er machen wollte und hatte lauter utopische Träume im Kopf. Dass dazu ein hartes Arbeiten mit viel Disziplin erforderlich war, sah er nicht.

Bald konnte er sich auch nicht mehr mit dem DDR-System arrangieren, was in dem Fall Vorraussetzung war. So versuchte er auf irgendeinem Weg in die Bundesrepublik zu gelangen, wurde dabei erwischt und kam ins Gefängnis. Dort stellte er einen Ausreiseantrag und wurde nach einem knappen Jahr von der Bundesrepublik abgekauft. Das war politische Praxis zu damaliger Zeit, dass die DDR politische Häftlinge gegen D-Mark in die Bundesrepublik ausreisen ließ.

In Westberlin angekommen fing er wieder mit dem Studium an. Auch hier konnte er mit der gewonnenen Freiheit nicht umgehen. In den 8oer Jahren durfte Stephan wieder in den Osten reisen und wir trafen uns erneut. Seine Psyche hatte sich bereits stark verändert, er hatte am Arm viele Einstiche, war also jetzt drogenabhängig, aber die Pläne von einer Musikkarriere hatte er immer noch. Mein letztes Treffen mit ihm war 1998, bei einem Klassentreffen unserer Abitur- und Berufsschulklasse in Potsdam. Er lebte mit seiner Mutter in Konstanz, die ihn so gut es ging betreute. Die Drogen hatten Stephan innerlich zerstört. Zwei Jahre später ist er dann verstorben. Ein trauriges Ende, das jeden ergreift, der ihn näher kannte. Er hatte keinen Studienabschluss und war nie irgendeiner Arbeit nachgegangen, wie unterschiedlich kann das Leben sein, was hat ihn nur so aus der Bahn geworfen?

Wohnungseinrichtung

Zu Hause kümmerte ich mich um die Einrichtung unserer beiden Zimmer. Geld hatten wir ja genug durch den Ehekredit, es war eher das Problem das entsprechende zu bekommen. Ich suchte nach Auslegeware (Teppichboden), obwohl die sehr teuer war (90 Mark/m²), bekam man diese kaum. Ich fragte jeden Tag auf dem Arbeitsweg an einem Laden nach und einmal hatte ich Glück. Zur Auswahl gab es nur wenige Muster und Farben, man musste kaufen was da war. Die bestellte Schrankwand wurde nach einem dreiviertel Jahr geliefert. Es fehlte noch die Schlaf- und Sitzgarnitur. In einem Prospektblatt aus dem Westen sahen wir eine "Wohnlandschaft". Das waren bewegliche Sitzpolster die man zum Schlafen auslegen konnte und zum Sitzen übereinander stapelbar waren. Das gefiel uns für unsere Wohnsituation sehr gut und so versuchten wir dies nachzubauen. Es waren hauptsächlich zwei Dinge erforderlich, Schaumstoff und Bezugsstoff. Als Bezugsstoff gefiel uns Cord am besten. Meine Mutter arbeitete in einem Stoffladen an der Frankfurter Allee, und so gelang es, die Menge an Cordstoff zu besorgen. Mit dem Schaumstoff war es schwieriger. Diesen gab es nur in einem Markt in der Revaler Straße in Berlin. Ich ging öfters dort hin und telefonierte dann fast täglich mit einer Verkäuferin. Nach intensiven Bemühungen bekam ich von einer Lieferung etwas ab und so konnten wir die Wohnlandschaft zusammenbauen. Christine nähte den Stoff und ich schnitt und klebte den Schaumstoff. Die Kissen werden noch heute von meiner Tochter benutzt, da sie von diesem Design so begeistert war. Der Cordstoff war sehr hochwertig und hat jahrelang gehalten. Als Christine im Sommer in den Ferien nach Hause kam, war schon alles eingerichtet.

Ich hatte wieder eine Reise in das Zeltlager nach Koserow an die Ostsee organisiert. Während des Produktionsdurchlaufes lernte ich Kollegen kennen, die dieses Zeltlager jedes Jahr aufbauten und im Herbst wieder abbauten, das wurde nicht durch Fremdfirmen erledigt, das mussten die Betriebe selber machen. Da dort einer fehlte, kam ich in diese Aufbautruppe. Mein Chef war nicht gerade begeistert, dass ich im Frühjahr und im Herbst eine Woche Dienstreise hatte, was eher ein Sonderurlaub war. Wir waren eine lustige Truppe, arbeiteten jeden Tag aber lagen auch am Strand wenn das Wetter schön war. Abends ging es immer in eine Kneipe zum Essen und Trinken. Nach einigen Bieren und Schnäpsen konnte man gut auf der Liege schlafen. Dadurch bekam ich auch immer einen Ferienplatz in Koserow, nicht in der Ferienzeit aber meist im Juni.

1 Millionste Neubauwohnung

Nach dem Wohnungsbauprogramm der DDR wurden in allen großen Städten neue Stadtteile auf ehemalige Felder gebaut, so auch in Berlin Marzahn. 1978 wurde dann die 1 Millionste Wohnung an einen Brigadier aus der BWF Marzahn, den ich gut kannte, mit viel Tamtam übergeben. Drei Wochen vor dem Termin sagte man ihm, dass er diese

Neubauwohnung bekommt. Da Erich Honecker zur Übergabe kam, wurde für ihn alles organisiert. Er musste sich in kurzer Zeit die Möbel aussuchen, die auch sofort geliefert und aufgebaut wurden, ohne die sonst übliche Rennerei und Wartezeit der Lieferung. An einem Arbeitstag in der Woche war dann der Termin, wir mussten alle am Vormittag aus dem Betrieb dorthin und sollten begeistert klatschen, wenn Erich Honecker seine Rede hielt. Dann wurde Kaffee getrunken mit den neuen glücklichen Mietern der Wohnung. In allen Zeitungen und im Fernsehen wurde anschließend davon berichtet.

Die 1 Millionste Neubauwohnung wird übergeben

BWF - ein sozialistischer Musterbetrieb

BWF war ein sozialistischer Vorzeigebetrieb, schon die große Werkhalle machte Eindruck. Bei vielen Betrieben wurden alte Werkhallen genutzt und immer wieder neu angebaut, das sah dann schrecklich aus und hatte nichts von der schönen Industriearchitektur der Gründerzeit bis 1914 zu tun. Das Werk wurde Ende der 30-er Jahre für Hasse & Wrede erbaut, und im Krieg nur leicht zerstört. Dann ließ die Sowjetunion die Halle als Reparationszahlung demontieren. Selbst die einbetonierten Stahlträger wurden abgeschweißt, das ließ sich nie wieder aufbauen. Anstatt sich neue Werkzeugmaschinen als Reparationsleistungen liefern zu lassen, baute man alte Industrieanlagen ab. Die DDR hatte den Hauptanteil der vereinbarten Reparationen für Deutschland zu zahlen. Die USA nahmen nur Patente und Konstruktionszeichnungen mit.

In diesem schwierigen Umfeld baute die DDR in den 60-er Jahren die Halle wieder auf und vereinigte dort das Schleifmaschinenwerk aus der Köpenicker Straße und das Drehmaschinenwerk aus der Berliner Chaussee. Der Einzug war im Jahre 1963. Mit den ersten Maschinen gab es nach dem Umzug noch erhebliche Probleme. Diese wurden dann gelöst, und der Entwicklungsleiter Professor Bahmann sorgte Ende der sechziger Jahre für ein neues Maschinenkonzept, die UNIS-Maschinen. Für unterschiedliche Maschinentypen wurden möglichst einheitliche Teile verwendet. Das war eine außerordentliche Leistung, nicht nur im Werkzeugmaschinenbau. Er hat darüber ein interessantes Buch geschrieben: "Werner Bahmann – Gewonnen und doch verloren". Heute ist das üblich, wir kennen es aus dem Automobilbau, Volkswagen entwickelt so genannte Plattformen zum Beispiel für den Golf. Auf diesen Plattformen werden dann auch andere Fahrzeuge gebaut wie der Touran. Ein Seat oder ein Skoda ist nur ein abgewandelter Golf, aber er beruht auf derselben Plattform.

Wir bekamen auch immer wieder mal Besuch von hohen ausländischen Gästen, wie Indira Gandhi, Tito und Gaddafi. Dann wurde der Durchgang vom Haupteingang zur

Werkhalle extra gestrichen. Schon Stunden vorher standen überall Herren in blauen Kitteln herum, die nicht zum Betrieb gehörten. Unser Betriebsdirektor ging dann mit den Gästen durch die Werkhalle und erklärte alles nicht nur in Deutsch sondern auch in fließendem Englisch. Er war jüdischer Abstammung und ist mit 14 Jahren unter der Nazidiktatur nach England emigriert und konnte dadurch ausgezeichnet Englisch sprechen.

DDR-Planwirtschaft

Bei BWF stimmte auch die gesamte Organisation. Eine rollierende Planung wurde wöchentlich auf dem Großrechner durchgeführt, davon träumen noch heute viele Firmen. Die Planung kam dann oft durcheinander, da Monatspläne zu erfüllen waren. Die Arbeiter machten am Monatsende oft Überstunden, damit die Maschinen fertig wurden. Am Anfang des Monats fehlten die Teile und die Montageabteilung hatte nicht so richtig was zu tun. Dieser Schwachsinn wurde über Jahrzehnte betrieben und dagegen konnte auch unser sehr fähiger Betriebsdirektor Fred Dellheim nichts tun. Den Betriebsdirektor lernte ich schon während des Produktionsdurchlaufes kennen. Er verbarrikadierte sich nicht in seinem Büro wie das heute viele Geschäftsführer machen, sondern er ging jeden Tag allein durch die Produktionshalle, sprach mit den Arbeitern und Meistern. Dadurch wusste er immer Bescheid wie weit die Arbeiten sind. Jeden Montag war bei ihm Arbeitsberatung der Geschäftsführung mit allen Fachdirektoren. Da konnte ihm keiner erzählen, dass die Arbeiten schon weit fortgeschritten sind, wenn das nicht stimmte. Durch dieses System funktionierte der Betrieb ausgezeichnet.

Die Schwierigkeiten lagen woanders, das sah man schon in der hohen Stärke der Einkaufsabteilung und der wenigen Mitarbeiter des Verkaufes. Da wir 80% unserer Maschinen in die Sowjetunion exportierten, wurden dafür Jahresverträge abgeschlossen. Der Verkaufsleiter flog mit mehreren Verkaufsingenieuren einmal im Jahr nach Moskau. Dort verhandelte man mit den sowjetischen Einkäufern eine Woche lang, oft bei Wodka und gutem Essen, und dann war der Vertrag unterschrieben. Die Vorgaben dafür waren schon vorher geklärt, die Sowjetunion lieferte der DDR Erdöl, Gas und Stahl und dafür lieferte die DDR Werkzeugmaschinen, Schiffe und Eisenbahnwaggons.

Anders sah es im Einkauf aus, das war ein ständiger Kampf um jedes Teil und setzte eine gute Planung voraus. Einige Materialien wie z.B. Kupferkabel mussten zwei Jahre vorher bilanziert werden. Der Betrieb sollte schon zwei Jahre vorher genau wissen, welche Kabel er benötigt. Das ging eigentlich nicht so genau, also wurde grundsätzlich mehr bestellt. Die Ware, die dann nicht gebraucht wurde, konnte man gut als Tauschobjekt verwenden. Die Einkäufer vieler Betriebe kannten sich gut untereinander. Alles sollte nach Plan laufen, und so gab es auch noch einen "Schrottplan". Manchmal wurden neue Stangen Material zersägt und lagen dann in der Schrottkiste, um den Schrottplan zu erfüllen.

Besonders gut hatten es da Betriebe, die begehrte Konsumgüter herstellten, wie Strumpfhosen, Waschmittel oder Kaffee. Da in den Einkaufsabteilungen fast nur Frauen arbeiteten, nahmen sie immer etwas davon mit, und schon fand sich auch das Teil was man suchte und konnte es kaufen.

Da die Zulieferindustrie nicht alles herstellte oder in unzureichender Qualität, musste im Betrieb vieles selber gemacht werden. So baute BWF Linearführungen, die unsere Wettbewerber im Westen zukaufen konnten. Trotzdem schafften wir es, qualitativ sehr hochwertige Maschinen zu produzieren.

Wir werden eine Familie

Christine hatte nach zwei Jahren ihr Studium in Baustoffchemie beendet und ich fuhr nach Charkow und holte sie ab. Sie hatte für uns extra ein leeres Zimmer im Wohnheim organisiert, und sich alle Mühe gegeben es schön zu machen. Nach zwei Jahren in der DDR fand ich das Wohnheim und die ganzen Lebensumstände ziemlich trostlos. In diesen zwei Jahren war vieles schlechter geworden in der Sowjetunion. Lebensmittel wie Wurst, Käse und Butter gab es nicht immer, man musste sich dafür anstellen. Die marode Wirtschaft, die 1991 zum Zusammenbruch der Sowjetunion führte, war schon im Inneren zu merken.

Christine begann im Plattenwerk Berlin-Grünau zu arbeiten. Dieses Plattenwerk stellte die Betonplatten für den DDR-Wohnungsbau her. Der Beton musste regelmäßig untersucht werden, ob er auch die richtige Qualität hatte. Die Arbeit war nicht schwer, aber auch nicht sonderlich anspruchsvoll.

Wir wollten Kinder und 1978 wurde unsere erste Tochter Ellen geboren. Bis dahin hatten wir noch kein Auto, aber jetzt benötigten wir eins. Eine Anmeldung hatten wir zwar, aber die notwendige Wartezeit von acht oder mehr Jahren war noch nicht um. Ein Kollege war mit seiner Anmeldung dran und verkaufte seinen sechs Jahre alten Trabant. Wir kauften diesen für Achttausend Mark, das war mehr als ein neuer Trabant kostete. Durch die langen Anmeldezeiten brauchte man sich nur einmal ein Auto zu kaufen, danach bekam man immer wieder den Neupreis beim Verkauf. So meldeten sich auch die Eltern und Großeltern auf ein Auto an, obwohl sie nie einen Führerschein hatten und das Auto nur für die Kinder kauften, damit diese immer mal ein neues Auto bekamen.

Auch auf den Erwerb des Führerscheins musste man sich anmelden. Da die Anmeldezeiten immer länger wurden, beauftragte man die Großbetriebe dies zusätzlich durchzuführen. So konnte ich dort den Führerschein machen und endlich im Winter 1978/79 mit dem Trabant fahren. In diesem Winter lag sehr viel Schnee und es war ohne Auto schon mühsam das Kind früh in die Kinderkrippe zu bringen und abends wieder abzuholen. Kinderkrippen waren in der DDR üblich und fast alle Frauen gingen nach einem Jahr Babypause wieder arbeiten, auch wir fanden das normal. Es war aber nicht so einfach. Die Arbeitszeit in den Betrieben fing für alle sehr früh an, bei mir war es 6:50 Uhr, Gleitzeit gab es bis zum Ende der DDR nicht. Wir mussten also unsere Tochter um 5:00 Uhr wecken und dann zur Krippe fahren. Danach ging es zur Arbeit. Die Wochenarbeitszeit betrug 43 ¾ Stunden, entsprechend spät holten wir unsere Tochter wieder ab. Das war dann nicht so erfreulich wie es die DDR Propaganda immer darstellte, glückliche Kinder und glückliche Frauen, die Beruf, Kinder und Haushalt alles zusammen erledigten. Am Wochenende war unsere Tochter natürlich auch um 5:00 Uhr oder spätestens um 6:00 Uhr wach, da war nichts mehr mit Ausschlafen.

Eine AWG Neubauwohnung

1980 wurde unsere zweite Tochter, Heike, geboren und Christine blieb diesmal drei Jahre zu Hause. Dies war für die Familie angenehmer, nur das Geld war sehr knapp und wir mussten immer genau berechnen was wir kauften. Danach fing sie in der Bauakademie in einem Labor für Zement und Beton zu arbeiten an, der Weg war näher und die Arbeit interessanter.

Die zwei Zimmer bei meiner Mutter wurden nun auch zu eng. Bei BWF wurde gerade eine Arbeiter und Wohnungsbau Genossenschaft (AWG) gegründet. Hier bewarb ich mich schon 1977 um eine eigene Wohnung, das war schon wie ein Sechser im Lotto, denn über die kommunale Wohnungsverwaltung hatte ich keine Chance eine Wohnung zu bekommen. Frei vermietbare Wohnungen gab es nicht. Mit der Geburt unserer beiden Töchter hatten wir nun Anspruch auf eine größere Wohnung. Diese bekam man aber nicht einfach so. Für eine Vierzimmerwohnung mussten wir Genossenschaftsanteile erwerben im Wert von 2400,- Mark und zusätzlich noch 500 Stunden auf dem Bau arbeiten. Die Arbeitsstunden brauchte man nicht alleine verrichten, da konnten auch Bekannte und Verwandte mithelfen. So ging ich ab 1977 fast jeden Sonnabend arbeiten. Da ich kein gelernter Handwerker war, fegten wir meistens den Baudreck aus den Wohnungen, räumten Baumaterial um, begradigten die Außenanlagen, entrosteten einen alten Kran in einer Reparaturwerkstatt. Mein Bruder und Kollegen kamen ebenfalls immer mal mit, und so wuchs die Stundenzahl langsam an. 100 Stunden "kaufte" ich noch bei einem Brigadier dazu, so hatte der auch noch seine Nebeneinnahme.

Im September 1980 war es dann so weit, ein neuer Block war fertig und es kam zur Wohnungsverteilung. Bei uns wurde nicht verlost, sondern nach Länge der Mitgliedschaft konnte man sich eine noch freie Wohnung auswählen. Wir hatten Glück und bekamen eine Wohnung in der 2. Etage im mittleren Aufgang eines Fünfgeschossers. Das war sehr günstig, wir brauchten nicht so weit hoch laufen, Fahrstühle gab es nur für höhere Bauten, die Wohnung war eingebaut und immer sehr warm.

Die Wohnung war bis auf die Küche und das Bad nicht gemalert, es waren die blanken Betonwände. Das war auch gut so, denn die hässlichen Standardtapeten im Wohnungsbau wollten wir nicht. Meine Mutter besorgte uns erstmal die heiß begehrte Raufasertapete aus Westberlin. Als Rentnerin konnte sie jedes Jahr 60 Tage in den Westen reisen. In der DDR gab es auch gelegentlich Raufasertapete, aber die sah nicht gut aus, die Sägekrümel waren ungleichmäßig verteilt. Für die Wände fanden wir brauchbare Tapeten in den entsprechenden Malerläden der DDR, Baumärkte waren unbekannt.

Das Bad hatte man nicht gefliest, sondern mit einer hässlichen Kunststofffolie in Lila bunt beklebt, ähnlich einer Wachstuchdecke. Wir wollten aber dafür Fliesen ankleben, diese gab es fast nicht zu kaufen in der DDR. In Berlin-Pankow konnte man in einer Baustoffversorgung manchmal Fliesen bekommen. Ich hörte von Kollegen, dass man sich einmal im Jahr dort anmelden könnte, der Anmeldetag war ein Montag. Mit einem Kollegen, der in der Nähe wohnte, verabredeten wir uns am Sonntagabend dort schon mal hinzufahren. Vor der Baustoffversorgung waren viele Menschen und das Tor war bereits offen. Wir stellten uns an und wurden nach einiger Zeit aufgerufen im militärischen Ton: "20 Mann in einer Reihe antreten, Personalausweise bereit halten." Wir bekamen eine Postkarte mit einer Registriernummer, die man ausfüllte und abgab. Mir war klar, weshalb die Baustoffversorgung schon am Sonntagabend offen war. Es sammelten sich viele Menschen vor dem Eingang und schimpften auf die DDR, nicht mal Fliesen kann man hier kaufen, solch eine Sauwirtschaft! Das bekam die Stasi mit, holte die Verkäufer dort hin und stellte selber noch Mitarbeiter, deshalb der militärische Ton und die Art der Organisation. Wir hatten jedenfalls unsere Anmeldung.

Das Gebäude mit der AWG Wohnung, kurz vor der Übergabe

Die Karte kam nach einem ¾ Jahr zurück mit Datum und Zeit für die Abholung der Fliesen, das war natürlich während der normalen Arbeitszeit. Ich fuhr hin und wartete wieder eine Stunde. In einem Büro saßen zwei Frauen hinter Holzschreibtischen auf denen Fliesen lagen. Jetzt musste ich in kurzer Zeit das passende aussuchen, also nahm ich grün geflammte und noch Dekorfliesen. Die Menge war begrenzt mit 17 m². jeder nahm natürlich die maximale Menge, das was man nicht brauchte war Tauschware.

Der Mann einer Kollegin, den ich aus dem Zeltlager gut kannte, arbeitete als Möbelverkäufer. Dort gab es eine Schrankwand aus Rumänien mit echtem Holzfurnier. Die DDR-Möbel hatten nur eine bedruckte Folie, die nicht echt aussah. Er besorgte mir diese Schrankwand und bekam dafür von mir die restlichen Fliesen. So funktionierte die DDR-Wirtschaft. Die Fliesen an die Betonwand zu kleben war wieder nicht einfach. Fliesenkleber gab es nicht, so nutzte ich ein Rezept, das Kollegen auch schon verwendet hatten, ein Mix aus Schlämmkreide und Latex. Die Fliesen hielten, man musste nur lange festhalten, da dieser Kleber nicht gleich anzog. Vorher baute ich noch die Badarmaturen um. Als Standard gab es eine Mischbatterie für Handwaschbecken und Badewanne zusammen. Meine Mutter besorgte eine zusätzliche Einhebelmischbatterie aus dem Westen für die Badewanne, eine absolute Luxusausstattung.

In dem Neubaugebiet waren nur die Häuser und die Straße fertig gebaut. Es gab noch keine Zufahrtswege und Bürgersteige, alles noch unbefestigte, schlammige Wege. Diese wurden erst später fertig. Nach Beendigung aller Arbeiten in der Wohnung zogen wir ein und waren glücklich, eine eigene Wohnung mit Zentralheizung und Warmwasser zu haben.

Wochenendgrundstück

Mein Studienkumpel Mathias hatte mit seiner Frau Christa ein Wochenendgrundstück in Berlin-Biesdorf gepachtet. Außer einer alten Holzhütte stand nichts drauf. Sie fragten uns, ob wir dort nicht gemeinsam etwas machen wollen, so wurde das Grundstück in den Sommermonaten unser Ziel am Wochenende. Zuerst wurde der Garten umgestaltet und ein neuer Zaun gesetzt. Ein neues Wochenendhaus war bestellt und es musste das Fundament gegossen werden. Wir beschlossen die Fundamentplatte aus Fertigbeton zu gießen. Die Einschalung übernahm ich aus alten Sperrholzplatten von Regalen mit entsprechenden Verstärkungen. Der Beton wurde nur nachts angeliefert, da hatten die Betonwerke freie Kapazitäten. Nachbarn und Freunde standen bereit, Licht war vorhanden und das Betonfahrzeug kam. Es hatte vorher viel geregnet und der Lehmboden war aufgeweicht, so blieb das Fahrzeug auf halbem Weg stecken, der Fahrer kippte den Beton ab und fuhr mit dem Vierradantrieb wieder auf die Straße. Jetzt mussten wir mit der Schubkarre nachts den Beton in die Einschalung bringen, das war eine Knochenarbeit und musste auch schnell genug geschehen, da sonst der Beton fest wurde. Früh morgens hatten wir alles geschafft und alle mussten anschließend arbeiten gehen und dabei nicht einschlafen.

Am nächsten Tag sah ich, dass die Absteifung der Einschalung dem Druck des flüssigen Betons nachgegeben hatte und nicht mehr gerade war. Das ließ sich nicht mehr korrigieren. Das Wochenendhaus wurde zwar fristgemäß geliefert, aber nicht dann wann man es brauchte, sondern schon vorher im Winter, und so mussten wir es einlagern bis zum Frühjahr. Die Aufstellung erfolgte mit Bekannten und Verwandten an einem Wochenende mit Essen und Trinken. Die gegenseitige Hilfe war immer vorhanden, keiner wollte dafür Geld, das beruhte auf Gegenseitigkeit. Das ist etwas, was viele Menschen im Osten heute vermissen, auch wenn das durch die Lebensumstände verursacht wurde.

Leider kam es aber bei der gemeinsamen Nutzung des Grundstückes bald zu Unstimmigkeiten. Da wir mittlerweile gute Freunde waren, wollten wir uns nicht streiten, und beschlossen selber ein Grundstück zu pachten. Der Siedler- und Kleingärtnerverband war dafür zuständig. Wir traten dort ein und bewarben uns um ein Siedlungsgrundstück. 1983 war es so weit und wir erhielten ein Stück Land. Es war ein Eckgrundstück, das seit den 50er Jahren brach lag und von den Nachbarn als illegale Müllhalde genutzt wurde. Der Eigentümer war ein Westberliner, der es seit dem Mauerbau 1961 nicht mehr nutzen konnte. Da es sehr groß war, teilte man es in drei Teile.

Das eigene Wochenendgrundstück mit viel Arbeit

Zuerst begann ich einen Schuppen zu bauen, und das Grundstück vom Müll zu beräumen. Wir arbeiteten jedes Wochenende und fuhren den Unrat kistenweise zu den Müllcontainern unserer Wohnung.

Vom Grünflächenamt holte ich mir eine Genehmigung zum Fällen der 30 wild gewachsenen Eichen, drei Bäume am Rande blieben stehen. Das erledigten Baumfäller mit Kettensägen an einem Tag. Jetzt mussten noch die Stubben entfernt werden. Das Mieten von Baufahrzeugen war nicht möglich, aber es fanden sich ein Bagger- und ein LKW-Fahrer, die das übernehmen wollten. So wurden an einem Freitag alle Stubben entfernt, der Boden etwas abgetragen und der LKW musste 25-mal fahren, um alles abzutransportieren. Dies war natürlich Schwarzarbeit während der Arbeitszeit und es kostete nur 500,- Mark.

Strom- und Wasseranschluss beantragten wir, aber da gab es einige Probleme. Der alte Wasseranschluss ging nicht mehr herzustellen und einen neuen Anschluss durften die Wasserbetriebe für Wochenendgrundstücke nicht legen, keine Kapazitäten. So bohrte ich selber einen Brunnen, da das Grundwasser nicht sehr tief war. Eine Elektropumpe konnte ich nur deshalb schnell erwerben, da ich Kugellager als Tauschobjekt hatte.

Der Stromanschluss wurde schnell gelegt, aber die Leistung sollte auf 250 W begrenzt werden. Für einen Elektromechaniker wie mich war es kein Problem dies zu überbrücken.

Das Wochenendhaus war bestellt und wurde wie erwartet im Dezember geliefert, immer dann, wenn man es nicht gebrauchen konnte. Im nächsten Frühjahr begann ich das Fundament selber zu erstellen, diesmal aber nicht mit Fertigbeton aus den gesammelten Erfahrungen, sondern mit selber mischen. Kies war kein Problem aber Zement gab es nur selten und dann in Selbstabholung die Säcke zu 50 Kg. Mittlerweile hatte ich einen Wartburg und transportierte alles zum Grundstück. Das zweite Problem waren die verzinkten Wasserrohre. Diese gab es nur in einem Metallurgiehandel in Berlin Lichtenberg. Jeden Tag rief ich an, bis die erlösende Nachricht kam, dass Rohre geliefert wurden. Ich fuhr sofort hin. Es waren sechs Meter lange Rohre aus der Sowjetunion. Diese Länge konnte ich nicht transportieren, so zersägte ich die Rohre und schnitt später wieder Gewinde darauf. Die benötigten Muffen und T-Stücke waren ein weiters Problem. Wenn es sie gab, waren diese meistens nicht verzinkt, das war zum Einbuddeln in den Garten ungünstig. So ging das mit jeder Sache weiter, die man benötigte, alles war nur schwer zu bekommen und dann oft in minderer Qualität.

Aufstellung des Bungalows mit Kollegen

Solch ein Wochenendhaus hieß in der DDR Bungalow. Ich versuchte es mir so bequem wie möglich einzurichten, deshalb plante ich einen Ofen mit Schornstein und ein Bad. Der Schornstein sollte innen verklinkert sein, aber Klinker gab es natürlich auch nicht. Ich konnte mich dafür anmelden und wie sollte es anders sein, im Dezember wurden die Klinker geliefert. Ein LKW kippte die Klinker auf der Straße einfach ab, dabei zerbrachen viele Steine. Lieferung auf Paletten war unbekannt. Ich sortierte und stapelte dann die Steine. Die Zerbrochenen wurden zu Halben und ¾ Steinen geschnitten, den Trennschleifer konnte ich mir im Betrieb ausleihen. Im Frühjahr kam der Onkel von Christine aus Bremen zu uns, er war Maurer. Er musste für jeden Tag 25 DM zwangsumtauschen und baute unseren Schornstein auf. Die Klinker waren die letzte Wahl, jeder hatte ein anderes Maß. Unser Onkel schüttelte nur den Kopf und sagte, dass er so einen Mist noch nicht gesehen hat, aber der Schornstein wurde fertig. Um einen Ofen zu kaufen benötigte man einen Bezugsschein vom Schornsteinfeger. Das ging aber hier nicht, da es für den Schornstein keine Baugenehmigung gab, es sollte nur ein Haus für den Sommer sein. Über einen Kollegen, der irgendwie an zwei Scheine gekommen war, erhielt ich einen Schein und kaufte den Ofen.

Das Bad hatte eine Badewanne mit einem 80 Liter Boiler und war gefliest, die Fliesen zu bekommen war wieder das gleiche Problem wie schon beschrieben. So war das kleine Häuschen letztendlich richtig gemütlich und besser ausgestattet als viele Wohnungen.

Meine Töchter Ellen und Heike im Garten

Diese Beschreibung zeigt die DDR-Wirtschaft, wie sie war. Es gab theoretisch alles, aber immer nur über Anmeldung, Beziehungen und Tausch. Ein Einfamilienhaus zu bauen, kam für mich unter diesen Umständen nicht in Frage, Firmen standen dafür nicht zur Verfügung. Das ging eigentlich nur, wenn man in einer Baufirma selbst arbeitete. Ein Bungalow mit 36m² und fertigen Wänden und Dach ist ja noch überschaubar, aber ein eigenes Haus war nur schwer zu realisieren. Hinzu kamen die Heizungsprobleme, Gas- oder Ölheizungen gab es nicht, man konnte nur eine Zentralheizung mit Kohlefeuerung einbauen oder Öfen.

Wohnungswirtschaft

Nun könnte man meinen, dass dies so gewollt war, damit die Bürger gesellschaftlich zusammen wohnen und nicht als Individualisten im Einfamilienhaus. Das war aber nicht so. Wer ein Grundstück hatte und bauen wollte, bekam einen Kredit zu sehr günstigen Konditionen. Der Bestandswohnungsbau verfiel in der DDR und so setzte man alles auf den Neubau. Meine damaligen Schwiegereltern wohnten in Halle in einem Wohnhaus aus den 30er Jahren, Einfachfenster, Ofenheizung, kleine Räume, alles billig gebaut. Das Wichtigste wäre gewesen, die Fenster gegen Doppelfenster auszutauschen, wegen der Wärmeverluste. Aber da passierte bis zum Ende der DDR nichts. Dafür genehmigte man ihnen den Einbau eines Gasaußenwandheizers. Das war eine Heizung mit einem sehr schlechten Wirkungsgrad. Die Hälfte der Wärme ging nach draußen. Der Hersteller des Gerätes befand sich in Berlin und so konnte ich den Gamat-Außenwandheizer für meine Schwiegereltern besorgen.

Es wurden nicht einmal Instandhaltungsreparaturen ausgeführt. So hatten sich die Wasserrohre im Bad zugesetzt und es kam nur noch wenig Wasser aus dem Hahn. Mein Schwiegervater beantragte immer wieder die Reparatur, aber es passierte nichts. Vor den Wahlen meinte er nochmals eine Eingabe zu schreiben, da diese oft Erfolg hatten, aber es wurde wieder nichts. So beschloss ich, es selber zu reparieren und rückte mit Material und Werkzeug an. Die verzinkten Rohre wurden innerhalb eines Tages ausgetauscht, und das Wasser floss wieder.

Die Ursache dafür waren die sehr geringen Mieten, die Höhe der Mieten wurde in der DDR seit 1945 nicht verändert. Mit 50,- Mark Miete im Monat konnte man dies nicht leisten und der Staat glich den Fehlbetrag nicht aus. Die Hauptstadt Berlin war immer besser versorgt als die restliche DDR. So transportierten wir bei jedem Besuch H-Milch, Schlagsahne oder das Waschmittel Spee von Berlin nach Halle und glichen die Unterversorgung zum Teil aus.

Trabiproduktion

Bei BWF erprobte und untersuchte ich verschiedene Maschinen und führte auch Industrieerprobungen in unterschiedlichen Fertigungsstätten des Automobilbaues durch. Wir waren in Zwickau, bei den Barkas-Werken Karl-Marx-Stadt, in denen der Trabimotor gebaut wurde und in dem Wartburg-Werk in Eisenach. Schon 1975 sah ich in Zwickau eine völlige Neuentwicklung des Trabis, mit Einzelradaufhängung, quer liegendem Viertaktmotor, einer Metallkarosse und einer schrägen Heckklappe. Zwei Versuchsfahrzeuge wurden gebaut und man wollte die gesamte Produktion umstellen. Dies erforderte enorme Investitionsmittel für neue Pressen und Werkzeugmaschinen, sowie den Umbau der ganzen Fertigung. Die Staatsführung wollte das Geld dafür nicht bereitstellen und so verschwanden die beiden Musterfahrzeuge und das Projekt wurde eingestellt.

Volkswagen hatte parallel dazu ein Fahrzeug entwickelt, dass ab 1974 unter dem Namen Golf verkauft wurde, es rettete VW vor der drohenden Pleite, da die alten Modelle auf Basis des VW Käfers keine Käufer mehr fanden und begründeten den gewaltigen Aufstieg des VW-Konzerns bis heute. Es ging das Gerücht um, dass die DDR die Konstruktionspläne an VW verkauft haben soll. So wurde der Trabi weiter gebaut wie bisher. Der Zweitaktmotor war eine alte Konstruktion aus den 30er Jahren. Da ein völlig neues Fahrzeug nicht machbar war, wollte man in Zwickau wenigstens den Motor ersetzen, der mindestens sieben Liter Benzin bei 26 PS verbrauchte und zusammen mit dem Ölgemisch eine Dreckschleuder war. So entwickelte man Anfang der 80er Jahre einen Dreizylinder Dieselmotor für den Trabi, mit einem Verbrauch von nur drei Litern Diesel. Dazu benötigte man eine Dieseleinspritzpumpe.

Die DDR produzierte Dieseleinspritzpumpen für LKW, diese sind aber nicht zu vergleichen mit denen für Pkws, da diese eine viel höhere Drehzahl haben.

Der beste Hersteller dafür war Bosch. Die Werke waren für Außenstehende geschlossen, man kam nur hinein wenn man eine Lizenz für die Eigenfertigung gekauft hatte. Da die DDR alles selber machen wollte und aus Devisenmangel auch musste, kaufte man für viele Millionen die Lizenz und bekam nun alle Zeichnungen und konnte auch die Herstellungswerke besichtigen.

Hinter BWF wurde eine neue Fertigungshalle gebaut, in der diese Dieseleinspritzpumpen gefertigt werden sollten. Man hatte schon erkannt, dass nur die Werkzeugmaschinenindustrie dafür in der Lage war. Bei BWF entstand eine Abteilung dafür, die sich mit der Fertigung und den Voraussetzungen dafür beschäftigte. Dabei stellte man fest, dass man vor unüberwindbaren Schwierigkeiten stand, da man dachte alles selber zu produzieren. Bosch arbeitete aber völlig anders. Es wurde nur ein Teil produziert und der

Rest vom Weltmarkt dazugekauft. Da gab es zum Beispiel Federn, die in Länge und Federkraft genau stimmen mussten, diese bezog man aus den USA, es war die einzige Firma, die in der Lage war so etwas herzustellen.

So musste man das Projekt Dieselmotor begraben, die Lizenzgebühren für die Dieseleinspritzpumpe waren umsonst gezahlt worden. Man konnte solch eine Präzisionstechnik einfach nicht alleine produzieren.

Mitte der 80er Jahre beschloss man eine Fertigungslinie von VW zu kaufen, auf dem der Viertaktmotor aus dem Polo hergestellt wurde. Den Vergaser dazu, eine wesentlich einfachere Technik, baute man in der neuen Werkhalle bei BWF. Der restliche Platz wurde für die Roboterfertigung genutzt. Zusätzlich wurden noch 10.000 VW Golf importiert, die über die Parteileitungen der Großbetriebe verteilt wurden. BWF erhielt auch ein Kontingent und mein Chef bekam ein Fahrzeug davon ab. Das war wie eine Auszeichnung, auch wenn man das Auto bezahlen musste. Später importierte man noch mal Fahrzeuge von Mazda in der Golfklasse.

Konsumgüter

Bis 1972 gab es in der DDR noch kleine Privatbetriebe, in denen der Eigentümer mit einigen Mitarbeitern meist Waren für die Bevölkerung herstellte, im DDR-Deutsch "Konsumgüter". Honecker ließ alle DDR-Betriebe verstaatlichen, der frühere Eigentümer durfte dann noch als Betriebsleiter weiter die Firma führen. Ein Teil der verstaatlichten Betriebe wurde größeren Firmen und Kombinaten angegliedert. Damit brach ein Teil der Konsumgüterproduktion weg, so beschloss man, dass jeder Großbetrieb Konsumgüter zu produzieren hatte. Die Art der Konsumgüter konnten sich die Betriebe nur zum Teil aussuchen, oft bestimmte das die zentrale Plankommission. BWF produzierte in der Automatendreherei bis dahin Drehteile für den oben erwähnten Gas-Außenwandheizer Gamat. Das war ja noch sinnvoll und passte zum Produktionsprofil. Jetzt mussten aber Schiebedächer für PKWs und Motore für Modellflugzeuge zusätzlich gefertigt werden. Wir hatten dazu eine extra Fertigungsstätte in Treptow, ein altes Fabrikgebäude, in dem Verkleidungen aus Kunststoff für unsere Maschinen gefertigt wurden. Der Hersteller von großen Turbinen, Bergmann Borsig, stellte einen elektrischen Rasierer "Bebosher" her, passte ja vollkommen zum Produktionsprofil.

So wurden die Entscheidungen in der staatlichen Plankommission immer vom Wunschdenken der Kleingeister im Politbüro der SED geprägt, die als Tischler und Dachdecker keinen Durchblick hatten von einer Volkswirtschaft.

Robotertechnik

Schon im Studium hatte ich jeden Winter eine Erkältung bekommen mit einem Husten, der erst im Frühjahr wieder wegging. 1982 verstärkte sich dies, es war eine schwere Bronchitis die mich plagte. Da ich Schleifspindeln mit Ölnebel untersuchte und Schleifmaschinen mit reichlich Kühlmittel, das innerhalb der Haube verdampfte, atmete ich zusätzlich nicht gerade gesundheitsfördernde Stoffe ein. Meine Ärztin empfahl mir eine andere Aufgabe zu übernehmen. Da die Roboterproduktion gerade anlief, übernahm ich dieses Gebiet. Alle Welt sprach von Industrierobotern, die die Arbeit der Menschen übernehmen sollten. Führend darin war Japan, die auch schon auf dem Gebiet der Elektronik viel entwickelt hatten. Ich erinnere mich noch als mein Entwicklungsdirektor Professor Bahmann von einer Japanreise zurückkam. Er erzählte uns von einem elektronischen Bauelement EPROM, das man programmieren und mit UV-Licht wieder löschen konnte. Das war für uns wie von einer anderen Welt. Die Firma Numerik in Karl-Marx-Stadt baute jetzt selber elektronische Steuerungen für Werkzeugmaschinen und Roboter. Das erste Modell war der hydraulische Industrieroboter IR2, den ich untersuchte. Dieses Modell war im Forschungszentrum Karl-Marx-Stadt entwickelt worden. Es wurden Servoventile von Orsta-Hydraulik eingebaut, die die Bewegung der Achsen regelte. Diese Ventile gab es im Westen schon länger, sie wurden für den Militärbereich entwickelt, zum Einsatz in Panzern, um die Kanone beim Fahren immer in dieselbe Richtung zu halten.

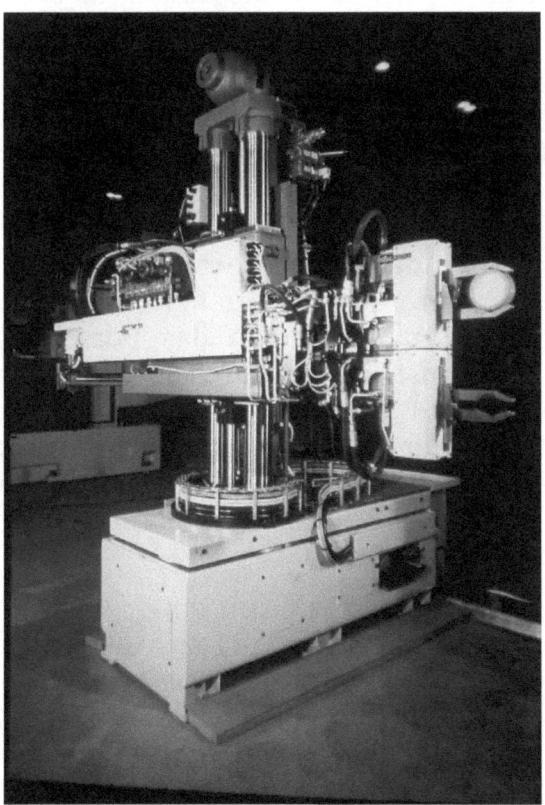

BWF Industrieroboter IR2 mit hydraulischen Antrieben

Das Problem war das Zittern der Achsen, da es keinen Nullpunkt gab, bei dem die Achsen ruhig standen. Unter viel Einsatz gelang es dann, das Problem zu lösen. Die ganze Steuerung war sehr aufwendig, bestand aus vielen Steckkarten, der Mikroprozessor wurde programmiert in Assembler, einer Art Maschinensprache, die nur Spezialisten verstanden.

Da die ganze Entwicklung aus dem Werkzeugmaschinenbereich kam, sah der Roboter auch entsprechend aus. Er sollte zum Beschicken von Werkzeugmaschinen dienen. Die Produktion lief nur in geringen Stückzahlen, da er sehr viel Platz beanspruchte.

Es wurde beschlossen einen Portalroboter zu entwickeln, der über der Maschine stand, und weniger Platz in Anspruch nehmen sollte. Die Antriebe sollten alle elektrisch über Kugelumlaufspindeln realisiert werden, dadurch fiel die ganze Hydraulik weg, die man nur bei großen Massen benötigt, wie bei Baggern und Kränen, wo sie noch heute erfolgreich eingesetzt wird. Da die eigenen Kapazitäten nicht reichten, wurden Baugruppen an das Forschungszentrum gegeben. Bei Konstruktionsdurchsprachen hörte sich der Hauptkonstrukteur erst alles an, dann kam die wichtigste Frage: "Nun erklären Sie mal, wie Sie das Gerät montieren und wieder demontieren". Daran scheiterten oft Neukonstruktionen und es mussten Überarbeitungen durchgeführt werden.

Der Portalroboter war dann schon mit einer neueren elektronischen Steuerung ausgerüstet, die sich auch einfacher programmieren ließ, und wurde in Serie gebaut. Jetzt sollten die Werkstücke auch noch automatisch zu den Maschinen transportiert werden. Da benötigte man ein selbst fahrendes Fahrzeug, den Leitlinien Transportroboter, LTR genannt.

Die Konstrukteure waren wieder aus dem Werkzeugmaschinenbau und so wurde der LTR eine Werkzeugmaschine
auf Rädern. Die Zeitungsschmierer machten daraus etwas
anderes, unter der Überschrift: „Freie Fahrt für das Super-
hirn auf Rädern" wurde es in höchsten Tönen gelobt. Das
ganze Gefährt war sehr ungelenkig, brauchte einen Induk-
tionsdraht im Fußboden, konnte oft nur ungenau andocken
an den Werkstückplätzen und war viel zu schwer. Hier hätte man Techniken aus dem Automobilbau einsetzen müssen und keine Konstruktionsprinzipen des Maschinenbaus.
Es wurden nur wenige Stück gefertigt und ein Vorzeigeob-
jekt in einem Dresdener Elektromotorenwerk erstellt. Das
Werk lief nur mit erheblichem personellem Aufwand und
nicht so automatisch wie geplant, da es immer wieder Stö-
rungen gab.

Elektromotorenwerk Dresden mit dem LTR und den Portalrobotern

Jedes Jahr fuhr ich für einen oder auch mehrere Tage zur Leipziger Messe. Es gab keine einzelnen Fachmessen, die Leipziger Messe war eine Gesamtschau der DDR-Wirtschaft mit vielen internationalen Ausstellern. Für den DDR Werkzeugmaschinenbau war wie immer eine eigene Halle reserviert, in der jeder Betrieb seine neuesten Produkte ausstellte. Der Fehler war oft nur, dass man Erzeugnisse ausstellte, die noch nicht serienreif waren und deshalb nicht geliefert werden konnten. Dafür schaute die Konkurrenz was es Neues gab, um das eine oder andere zu kopieren. Wir schauten uns ebenfalls die Wettbewerber an, sofern sie vertreten waren, um zu sehen was es Neues auf dem Weltmarkt gab, da wir nicht in den Westen reisen durften. Die DDR-Propaganda wollte damit immer der Welt zeigen, dass die DDR eine große Industrienation ist, die Weltspitzenerzeugnisse produzieren kann.

So sollte die Mikroelektronik verstärkt ausgebaut werden. 1986 begann man mit der Entwicklung des 1 MB Speicherchips in Dresden. Die ersten Exemplare wurden 1988 an Erich Honecker übergeben und mit viel Tamtam auf der Leipziger Frühjahrsmesse 1989 ausgestellt. Eine Produktion war nur unter Forschungsbedingungen möglich, die Ausbeute lag bei 20%. Die notwendigen Ausrüstungen für die Produktion konnte man nur auf dem Weltmarkt kaufen, standen aber auf der Embargoliste. Nach der Wende 1990 wurde das ganze Projekt eingestellt, da es diese Chips viel preiswerter auf dem Weltmarkt zu kaufen gab. Aber man hatte damit die westliche Welt erfolgreich getäuscht.

Drei Monate Volksarmee

Durch das Studium kam ich um die Wehrpflicht und den Dienst in der Nationalen Volksarmee herum, da ich bei der Rückkehr vom Studium bereits 26 Jahre alt war. Später änderte man das System. Wer studieren wollte, wurde gleich nach der Schule vor dem Studium für 1½ Jahre eingezogen. Viele verpflichteten sich auch für drei Jahre als Unteroffizier, dann war ein Studienplatz sicher.

So wurde ich im Sommer 1983 zur Reserve drei Monate eingezogen und kam nach Torgelow in den Norden. In der Gegend um Eggesin waren sehr viele Kasernen, hauptsächlich Panzer und Motschützen (motorisierte Schützen), im Armeedeutsch hießen wir "Mucker" und das motorisierte Fahrzeug war der "Muckerbus", ein leichter Schützenpanzer BMP. Hier habe ich das erste Mal Wüste gesehen. Die Panzer hatten ganze Flächen kahl gefahren und der Wind türmte den weißen Sand zu Bergen auf.

Wir waren in Zimmern mit sechs Doppelstockbetten untergebracht, also zwölf Mann in einer Stube. Zwei davon dienten drei Jahre und die anderen waren alle Studierte wie ich. Untereinander verstanden wir uns prächtig, nur mit den Vorgesetzten gab es immer mal Schwierigkeiten. Besonders die Unteroffiziere waren nicht gerade die Schlauesten. Bei warmem und schönem Wetter übten wir jeden Tag Krieg, Schützenkette, Schützenreihe, Atomschlag links und rechts, dann Deckung hinter einem Baum, mal mit mal ohne Vollschutz. Solch einen Schwachsinn glaubten die Unteroffiziere auch noch.

Der Umgang mit Handgranaten gehörte auch zur Ausbildung. Wir sollten gemeinsam mit dem Hauptmann unserer Kompanie jeder eine scharfe Handgranate werfen. Unser Hauptmann erklärte uns, dass das völlig ungefährlich sei. Wir lagen in Deckung und einer nach dem anderen stand neben dem Hauptmann, entsicherte die Granate und warf diese dann entsprechend weit weg und ging in Deckung. Obwohl ja angeblich nichts passieren konnte, hatte unser Hauptmann am Ende einen Splitter im Oberschenkel und war krank.

Wenn man verdreckt vom Übungsfeld zurückkam, stand ein Waschraum mit zwei 80-Liter Elektroboilern zur Verfügung. Man musste rennen damit man noch warmes Wasser abbekam.

Wir ließen uns immer Pakete schicken mit Schnapsflaschen, die aufgefüllt waren, damit es bei der Kontrolle nicht gluckerte. Nach dem Leeren flogen die Flaschen aus dem Fenster und jeden Morgen wurde ein Soldat abgestellt, diese wieder aufzusammeln.

Wir waren drei Monate in dieser Kaserne eingesperrt. Eine Heimreise gab es nur einmal nach sechs Wochen. Ausgang am Abend oder am Wochenende wurde nur selten gewährt, da ja immer die volle Gefechtsbereitschaft erhalten werden musste. Die Bundeswehr ging zwar regelmäßig abends aus der Kaserne, aber nicht bei der NVA. An Ausgang hatte ich wenig Interesse, es gab nur eine große Kneipe in dieser verlassenen Gegend und dort saßen dann die Offiziere.

Telefonieren konnte man nur über ein Telefon, das im Eingang der Kommandantur an der Wand hing. Damit die wartenden Soldaten die Offiziere nicht störten, mussten wir uns hinter die Hausecke stellen und meist über eine Stunde warten.

Einmal gab es eine große Übung und alles sollte nachts ausrücken in die Bereitstellungsräume. Ein Teil der Technik sprang nicht an, besonders die russischen LKWs mit der Munition, da diese monatelang nicht bewegt wurden und die Akkus leer waren. Der Bereitstellungsraum war dann ein Naturschutzgebiet, das nun auch noch zerfahren wurde.

Nach drei Monaten war der Spuk vorbei und ich war froh wieder zu Hause zu sein. Ich saß erstmal auf der Couch und machte nichts, das typische Verhalten eines Soldaten. Wie musste diese Verblödung erst nach drei Jahren wirken.

Gesellschaftliche Arbeit im Betrieb

Auch im Betrieb sollte man gesellschaftliche Arbeit leisten. In der Zivilverteidigung wurden einmal im Monat Knoten geübt und das Bergen von Verletzten. Die Kellerräume unter dem Betrieb waren größtenteils als Luftschutzkeller vorgesehen und dort hatten wir auch unsere Treffen. Als uns einmal erklärt wurde, wie wir uns bei einem Atomangriff verhalten sollen, konnte ich den Unsinn nicht länger hören und sagte dann, dass ich besser nach draußen gehen werde um mir den Atomblitz anzusehen und dann gleich weg bin, als im Keller zu hocken und nach drei Tagen qualvoll zu sterben. So viel Realitätssinn war hier nicht gefragt.

Da ich in der Sowjetunion studiert hatte, war ich in der Deutsch-Sowjetischen Freundschaft, der DSF aktiv im Betriebsvorstand. Unser Partnerbetrieb war in Moskau das Drehmaschinenwerk "Roter Oktober". Jedes Jahr kam eine Delegation zu uns zum Erfahrungsaustausch und eine Delegation aus BWF fuhr nach Moskau. So nahm ich auch in einem Jahr an der "Bestenfahrt" nach Moskau und Leningrad teil und wir besuchten unseren Partnerbetrieb, sahen aber auch die anderen Sehenswürdigkeiten. Viele Erfahrungen konnten wir nicht austauschen, denn die Technik war auch in den 80-er Jahren in der Sowjetunion rückständig. Wir hatten bei BWF nur wenige Maschinen aus der Sowjetunion, es waren fast alle DDR-Werkzeugmaschinen und einige aus der CSSR.

Außer in der DSF war ich noch in der Kammer der Technik (KDT), diese Organisation entsprach dem VDI, Verein deutsche Ingenieure in der Bundesrepublik. Hier erhielt ich in einem Jahr auch eine Fahrt zum Erfahrungsaustausch in unserem Partnerbetrieb in Prag in der Tschechoslowakei. Bei tschechischem Bier sahen wir uns Prag an, solch ein Sonderurlaub war immer begehrt.

Da ich der DDR immer zweifelnd gegenüber stand und auch meine Meinung offen sagte, wurde ich nie gefragt, ob ich in die SED eintreten will. Das hätte ich sowieso nicht gemacht. Meine Antwort war immer: "Ich muss nicht erst früh das ND (Parteizeitung Neues Deutschland) lesen, um zu wissen was ich sagen darf, und Betriebsdirektor möchte ich auch nicht werden."

Nur ein Teil der SED Mitglieder waren vom Sozialismus überzeugt. Sehr viele traten dort nur ein, um Karriere machen zu können. Bis zum Hauptabteilungsleiter konnte man noch ohne diese Mitgliedschaft kommen, aber dann war Schluss. Ein jüngerer Kollege fragte mich eines Tages was er machen solle, da er nach der Mitgliedschaft gefragt wurde. Ich sagte ihm, wenn Du hier Betriebsdirektor werden willst, dann trete ein, ansonsten lass es. Er trat ein und wurde dann auch Fachdirektor. Man musste also in der DDR nicht in die SED eintreten, wie das einige heute zu erklären versuchen.

SW und NSW

Die Welt wurde in der DDR eingeteilt in das sozialistische Wirtschaftsgebiet, SW und in das nichtsozialistische Wirtschaftsgebiet, NSW. Reisen ins NSW waren nur ausgesuchten Kadern erlaubt, die vorher durch die Stasi überprüft wurden. In die sozialistischen Staaten konnte man reisen mit einer Reiseanlage, die bei der Volkspolizei zu beantragen war. Nur in die CSSR und zeitweilig nach Polen ging das seit den 70er Jahren ohne Anlage.

Diese Einteilung galt auch für den Import von Waren, da man für das NSW frei konvertierbare Devisen benötigte, also D-Mark oder Dollar und diese immer sehr knapp waren. Seit Mitte der 80er Jahre versuchte man durch vermehrte Westimporte die DDR-Wirtschaft wettbewerbsfähig zu halten. So bekam BWF ein Blechbearbeitungszentrum von Trumpf mit Laserschneidtechnik und CAD / CAM Arbeitsplätzen. Letztere wurden gegen das Embargo eingeführt. Hiermit konnten Zeichnungen von Blechteilen erstellt werden, die dann direkt als fertige Bleche umgesetzt wurden, das war eine erhebliche Steigerung der Produktivität.

Seit 1974 durften DDR-Bürger auch D-Mark besitzen. Dazu gab es Läden mit dem Namen "Intershop", in denen Westwaren für Westgeld verkauft wurden. Zum Teil waren dies Waren, die die DDR in Gestattungsproduktion selber herstellte für westliche Firmen, aber auch Unterhaltungselektronik aus Japan. Wer Westverwandte hatte, war gut dran, und konnte sich dann mal was Besonderes kaufen. Ab 1979 musste das Westgeld in Forum Schecks umgetauscht werden, nur damit durfte man im Intershop einkaufen. Da Dienstleistungen von Handwerkern immer sehr schwer zu bekommen waren, war dann die Frage des Handwerkers: "Forum geht es denn" oder gegen "Blaue Fliesen" lässt sich das machen. Blaue Fliesen waren die Einhundertmark DM-Scheine, die blau waren.

Für den DDR-Bürger ohne Westgeld wurden immer mehr Exquisitläden für Kleidung und Delikatläden für Lebensmittel eingerichtet. Es wurden auch hier Gestattungsproduktionen und Importe für sehr hohe Preise verkauft. Eine Büchse Ananas kostete z.B. 12 DDR-Mark! Die Kleidung war meist sehr hochwertig und hielt lange.

Die erste Westreise

Meine Tante in Westberlin hatte 1987 ihren 70sten Geburtstag. Seit einem Jahr konnten auch DDR Bürger bei besonderen Anlässen ihre Verwandten in der Bundesrepublik und Westberlin für eine Woche besuchen, nach Antragstellung und Genehmigung. So beantragte ich den Besuch und erhielt einen Reisepass. Das empfand ich wie eine hohe Auszeichnung und fuhr nach Westberlin. Von der Grenzübergangsstelle Friedrichstraße, dem Tränenpalast, waren es nur wenige Minuten mit der U-Bahn und ich stieg in der Müllerstraße im Wedding aus. Es war wie in einer anderen Welt und es war ja auch eine andere Welt.

Ich blieb erst einmal vor den Schaufenstern stehen und betrachtete die umfangreichen Auslagen mit vielen Waren, die es in der DDR so nicht gab. Als DDR-Bürger durfte man 15,- Mark der DDR in 15,- DM umtauschen, damit kam man nicht weit.

Ich fuhr jeden Tag durch Westberlin von früh bis abends, denn es konnte ja das letzte Mal sein, dass solch eine Reise genehmigt wurde. Dazu brauchte man auch kein Geld, alle Verkehrsmittel, Museen, Messen und Sehenswürdigkeiten waren für DDR-Bürger frei, man musste nur seinen Pass vorzeigen. Ich besuchte viele Museen, war auf dem Funkturm und der Siegessäule, besichtigte die Mauer zur DDR von der anderen Seite. So intensiv habe ich mir Berlin später nie wieder angesehen. Nach der Rückkehr in die DDR durch die grimmigen Grenzkontrollen zeigte ich meine Bilder als Farbdias Verwandten und Bekannten und auch im Kollegenkreis. Dadurch verstärkte sich bei vielen die Begierde, dies auch einmal zu erleben. Mit meinem Bruder diskutierte ich lange über diese Reise und da wir keine Lösung für die Probleme der DDR fanden, sagte ich spontan: „Da hilft nur eine Wiedervereinigung".

Vor der Mauer in Westberlin

Mein Bruder widersprach dem, das ist gar nicht möglich, weder die Sowjetunion noch die westlichen Alliierten würden dem zustimmen, und so endete das Gespräch. Ich konnte mir dies auch nicht vorstellen und schon gar nicht in den nächsten Jahren.

Computertechnik

Mit den 70er Jahren begann die Produktion von Großrechenanlagen in den sozialistischen Ländern innerhalb des RGW (Rat für gegenseitige Wirtschaftshilfe), der das Gegenstück zur Europäischen Union darstellen sollte. Die Vorlage war eine Rechenanlage von IBM, die als ESER-Rechenanlagen im RGW gebaut wurde. In der DDR war das Kombinat Robotron dafür zuständig. BWF hatte auch so eine Anlage, die Dateneingabe erfolgte mit Lochkarten oder Lochbändern. Als Speicher wurden große Festplatten verwendet, die nur zwei Mann tragen konnten, mit einer für heute geringen Speicherkapazität von 20 MB. Diese Anlagen waren bis zum Ende der DDR im Einsatz. Jedes heutige Smartphone ist leistungsstärker als diese stationären Großrechner.

Personalcomputer wurden erst in den 80er Jahren von IBM entwickelt unter der Bezeichnung IBM-PC XT oder AT. Diese Rechner hatten keine Festplatte, aber schon ein oder zwei große Diskettenlaufwerke. Es gab nur eine Platine, das Motherboard mit verschiedenen Steckplätzen für Erweiterungskarten. Dafür war der Preis mit 3000 Dollar sehr hoch. Solche Rechner wurden Ende der 80er Jahre auch von Robotron nachgebaut. Das waren aber noch keine Computer, die man sich als Privatperson leisten konnte.

Seit 1987 hatte ich einen Heimcomputer, den Sinclair ZX Spectrum, in Großbritannien produziert mit einem Z80 Prozessor in 8 Bit Technik. Dieser Prozessor wurde auch in der DDR hergestellt, so dass man die Geräte reparieren konnte. Meine Mutter brachte mir das Gerät aus dem Westen mit, es kostete 200,- DM. In der Bundesrepublik wurden meist Rechner des Typs "Commodore C64" verwendet, die bereits alle möglichen Peripheriegeräte hatten. Das Gerät sah aus wie die Tastatur eines Laptops, als Bildschirm benutzte man einen Fernseher und die Eingabe der Daten oder Programme erfolgte über eine Musikkassette und einen Kassettenrecorder. Nach vier bis fünf Minuten Wartezeit war das Programm in den 64kB Speicher eingelesen, wenn man Pech hatte, fehlte irgendetwas und man musste von vorn anfangen. Die Programme waren meist einfache Spiele, aber auch eine Textverarbeitung war vorhanden. In der DDR versuchte man ebenfalls solch einen Rechner nachzubauen, es war der KC 85, aber mit einem Preis von 4000,- Mark viel zu teuer.

Bei BWF waren mehrere, die einen ZX Spectrum Computer hatten, und so bildeten wir eine Arbeitsgemeinschaft. Es gab noch andere pfiffige Leute aus einem physikalischen Forschungsinstitut, die zusätzliche Leiterkarten dafür entworfen hatten, so eine Platine für einen Druckeranschluss und für den Anschluss von Diskettenlaufwerken. Diese Platinen stellten wir selber her, oder ließen sie im Leiterplattenwerk Neuruppin durch einen weiteren Interessenten herstellen, bestückten diese mit Chips und erweiterten so den Rechner. 1990 hatte ich bereits eine Anlage mit zwei Diskettenlaufwerken und einem 9-Nadeldrucker. Ich konnte Texte schreiben und diese auch ausdrucken. Der Rechner hatte bereits einen Vorläufer des DOS-Betriebsystems. Dadurch hatte ich mich schon sehr früh mit der Computertechnik beschäftigt. Die Menschen in der DDR waren einfach erfinderisch, man half sich gegenseitig.

Aufbruch 89 – Neues Forum

Im Frühjahr 89 waren Kommunalwahlen in der DDR, es gab wie immer nichts zu wählen. Aber diesmal nahmen das die Menschen nicht mehr so hin. Ich ging diesmal mit dem Zettel in die Wahlkabine, strich diesen durch und warf ihn anschließend in die Wahlurne. Das war die einzige Möglichkeit seine Meinung kundzutun. Das Neue Forum hatte

in vielen Wahllokalen Beobachter, die der öffentlichen Aus-
zählung beiwohnten. Die Gegenstimmen waren diesmal
wesentlich mehr als sonst bei den Wahlen, die Ergebnisse
rechneten sie selbst zusammen. Egon Krenz als Leiter der
Wahlkommission verkündete das schon vorher festgelegte
Ergebnis mit 98,...% der Stimmen, die für den Wahlvor-
schlag stimmten. Das war eine offensichtliche Lüge und
dieser Wahlbetrug war der Anfang vom Ende der DDR.

1988 besuchte ich noch einmal meine Tante in Westberlin und im Sommer 1989 fuhr ich mit Christine zu ihrem
Onkel in der Nähe von Bremen. Wir sahen uns kurz Hannover an, ein Bahnhof mit Einkaufszentrum und fuhren
nach Bremen, das erste Mal mit einem ICE. Solch eine Ge-
schwindigkeit mit so wenigen Fahrgeräuschen kannten wir
noch nicht von der Reichsbahn. Der Onkel, der uns auch
den Schornstein gemauert hatte, wohnte am Rande eines
kleinen Dorfes und hatte sich dort selbst ein Haus gebaut.
Wir trafen seine drei erwachsenen Kinder, führten Gespräche über das Leben der Menschen dort und besuchten
Bremen. Auf dem Rückweg fuhren wir über Hamburg, da
dort eine Nichte wohnte. Es waren erlebnisreiche Tage mit
vielen Besichtigungen und so kamen wir in die DDR zurück
und wollten auch anders leben als bisher. Diese Möglichkeit
in den Westen zu reisen nutzen auch viele andere DDR-
Bürger und waren dann mit dem System in der DDR nicht
mehr zufrieden.

Im September 1989 bahnten sich Veränderungen an, ein
Teil der Bevölkerung der DDR hatte die Angst vor der
Staatsmacht verloren und wollte endlich Änderungen im
gesellschaftlichen System erreichen. 30 Bürger mit ganz
unterschiedlichen Berufen gründeten eine Vereinigung, das
"Neue Forum" und brachten den Aufruf "Aufbruch 89" un-
ter das Volk. Der Aufruf beginnt mit dem Satz: "In unserem
Land ist die Kommunikation zwischen Staat und Gesell-

schaft offensichtlich gestört." Es folgten Vorschläge zur Veränderung und zum Dialog in der Gesellschaft. Ich erhielt auch ein Exemplar davon und ließ es sogleich kopieren und verteilte es weiter.

So etwas gab es bisher nicht. Die Partei hatte immer Recht, wie es in einem ihrer Lieder auch noch besungen wird. Wir diskutierten in der DDR im Kollegenkreis, mit Verwandten und Bekannten, jeder hatte Vorschläge was man ändern könnte, aber an die Genossen im Politbüro, die alles bestimmten, kam man nicht ran, es waren Betonköpfe die keine Veränderung wollten. Der frühere Leitspruch: "Von der Sowjetunion lernen, heißt siegen lernen" galt jetzt nicht mehr. Das von Gorbatschow eingeführte System von "Glasnost" und "Perestroika" (Offenheit und Umbau) wollte man nicht in der DDR.

Die offizielle Gründung des Neuen Forums als Vereinigung wurde abgelehnt, solch eine Vereinigung wäre nicht erforderlich und außerdem staatsfeindlich. Außer den 30 Erstunterzeichnern, unterschrieben es jetzt viele andere Bürger meist in Kirchen, die Bewegung war nicht mehr aufzuhalten.

Am 7. Oktober, dem 40. Jahrestag der DDR, ließ sich die Staatsführung nochmals feiern, aber vor dem Palast der Republik gab es bereits Demonstrationen. Hier schlug die Staatsmacht noch mal zu und sperrte viele ein. Die Demonstranten riefen "Gorbi, Gorbi hilf uns", Gorbatschow war das Zeichen, dass es auch anders ging.

Die Montagsdemonstrationen in vielen Städten, aber besonders die in Leipzig, brachten das System ins Wanken. Am 18. Oktober wurde Honecker durch Egon Krenz abgelöst, die Ereignisse überschlugen sich jetzt, nachdem Jahrzehnte lang nichts passierte. Am 4. November wurde zu einer großen Demonstration auf dem Alexanderplatz aufgerufen. Christine und ich gingen auch hin. Es waren Hunderttausende gekommen. Wir zogen um den Palast der Republik und riefen: "Wir sind das Volk", "Stasi in die Produktion". Das war für mich ein erhebendes Gefühl.

Fünf Tage später am 9. November ging durch ein Missverständnis die Mauer auf. Die Pressekonferenz mit Schabowski hatte ich ebenfalls gesehen, verstand das aber so, dass man in den nächsten Tagen ein Visum erhalten kann und bin abends schlafen gegangen. Am Morgen hörte ich im Radio, dass nachts schon viele DDR-Bürger im Westen waren. Bei BWF wurden besondere Anwesenheitslisten geführt, da einige erst später zur Arbeit oder gar nicht kamen. Ich kopierte einen Stadtplan von Westberlin, den ich von meinen Besuchen hatte, und verteilte diesen an Kollegen. Nach der Arbeit nahm ich meine beiden Töchter und wir fuhren mit dem Trabi nach Westberlin.

10. November 1989 Kurfürstendamm

Es war so voll, dass wir an der Grenze nur im Schritt-tempo vorankamen. Die Grenze war völlig offen. Nach einem kurzem Besuch bei meiner Tante, fuhren wir mit der U-Bahn zum Kurfürstendamm und liefen mit vielen anderen über die Prachtmeile. Es war ein einmaliges Erlebnis, das ich nicht mehr vergessen werde.

1989 Die Mauer vor dem Brandenburger Tor

Die Wendezeit

Ich ging zu weiteren Demonstrationen und auch zu Versammlungen des Neuen Forums. Jetzt wollte ich etwas mitbewegen, aber die Veränderungen gingen schneller als gedacht. Aus der Losung: "Wir sind das Volk" wurde jetzt die Losung: "Wir sind ein Volk". Das fand ich nicht mehr so treffend. Ich wollte Freiheit in allen Bereichen, aber nicht gleich die Wiedervereinigung. Mir war klar, dass dies zum wirtschaftlichen Zusammenbruch der DDR führt.

Transparente auf einer Kundgebung Dezember 1989

Leider sahen das die meisten DDR-Bürger nicht so, sie wollten ganz schnell die Westmark haben und verstanden nicht die wirtschaftliche Konsequenz daraus.

1990 war die Zeit der runden Tische, in meinem Betrieb BWF setzte ich mich mit einem Kollegen für Veränderungen ein, besonders nach den Wahlen am 18. März. Ich hatte das Neue Forum gewählt, die für einen langsamen Übergang der DDR in ein neues Wirtschaftssystem standen. Die Mehrheit der DDR-Bürger aber hatte den Versprechungen von Helmut Kohl mit den "blühenden Landschaften" vertraut, und wollte die Wiedervereinigung mit der D-Mark.

Wir veröffentlichten einen Aufruf, aber es kamen keine großen Reaktionen, wir konnten aber an den Untersuchungen der Unternehmensberatung McKinsey teilnehmen, die man sich ins Haus geholt hatte. Junge Männer ließen sich die Betriebsunterlagen geben und zeigten uns bei einem "Workshop für Führungskräfte" die Ergebnisse mit ausgedruckten Overheadfolien mit dem Titel: "Herstellung der internationalen Wettbewerbsfähigkeit", so etwas kannten wir noch nicht. Man ging von Standardzahlen aus, 30% Personalkosten, 50% Materialkosten und 20% Kapitalkosten und Sonstiges. In dieses Schema musste alles passen.

Unser Hauptproblem war jedoch der Export in die Sowjetunion mit 80%. Dies war bisher ein Warenabkommen, wir lieferten Maschinen und die Sowjetunion lieferte uns dafür Erdöl und Gas, es war ein Tauschhandel und kein wirklicher Verkauf. Mit Einführung der D-Mark war damit Schluss, denn die Betriebe der Wälzlagerindustrie in der Sowjetunion hatten keine D-Mark.

Davon wollte die Betriebsleitung nichts wissen, sie meinte es ginge immer so weiter. Der Export brach natürlich ein, und es mussten mehr Mitarbeiter entlassen werden als geplant. Ich war 1989 Abteilungsleiter im Versuchsfeld geworden, erkannte die Situation und kündigte im Sommer 1990 selbst. Sicherlich hätte ich dort noch einige Jahre arbeiten können, aber ich wollte auch etwas anderes machen.

Zum 1. Juli wurde die D-Mark in der DDR eingeführt. Wir wussten vorher nicht wie viel Geld man umtauschen kann und versuchten noch schnell etwas auszugeben. So kaufte ich noch einen Diaprojektor für mehrere Hundert DDR-Mark. Dann kam der Tag der Währungsunion, das Geld musste zum Umtausch auf einem Konto sein, es gab keinen Barumtausch. Die Regelung war jedoch viel großzügiger als gedacht, Jeder Erwachsene konnte 4000,- Mark 1:1 umtauschen und Kinder bis 14 Jahren 2000,- Mark. Höhere Summen konnten 1:2 umgetauscht werden. Wir hatten mit wesentlich höheren Abschlägen gerechnet, denn der Umtauschkurs an den Wechselstuben in Westberlin war 1990 bei 1:6 oder noch schlechter.

Sofort kaufte ich mir einen richtigen Computer mit einem 386er Prozessor und einer "riesigen Festplatte" von 80 BM, normal waren damals 20 MB bei Vobis, dem führenden Computerhändler in der Bundesrepublik, heute kennt ihn keiner mehr. Die Festplatte war allerdings schneller voll als ich dachte, sie war nicht so riesig wie ich sie mir vorgestellt hatte. Das Betriebssystem war DOS (Disk Operation System) von Microsoft. Nach dem Einschalten sah man einen blinkenden Curser auf dem schwarzen Bildschirm, das war alles. Die ersten IBM-PCs wurden ohne Betriebssystem verkauft. Das sollte man zusätzlich erwerben. Dies war die Stunde von Bill Gates und Microsoft. Er bot das MS-DOS allen Händlern für kleines Geld an, diese sollten es mit dem PC verkaufen. Das war das Geschäft des Lebens für Microsoft, so waren bald alle PCs mit seinem Betriebssystem ausgerüstet. Um überhaupt etwas an diesem Computer machen zu können, musste man zusätzliche Programme installieren. Das Wichtigste war der Norton-Commander, ein Dateimanager mit zwei Fenstern, das was Microsoft mit dem Windows Explorer bis heute nicht hinbekommen hat. Erst 1992 gab es Windows 3.1 ein Betriebssystem mit einer graphischen Oberfläche.

Versuch der Selbständigkeit

Ende 1989, als alles im Umbruch war, aber noch keiner an eine schnelle Wiedervereinigung glaubte, versuchte ich mit meinem Freund aus der Studienzeit eine eigene Firma zu gründen mit dem schönen Kunstnamen "Softlightelectronic".

Im März 1990 gründeten wir die GmbH. Gegenstand des Unternehmens sollte die Entwicklung, Produktion, Vertrieb und Service elektronischer und lichttechnischer Computererzeugnisse sein. Dabei dachten wir an Lichttechnik für Bühnen und Lifeshows, die es in der DDR nicht gab.

Wir fuhren auf Messen, sprachen mit Software- und Vertriebsfirmen und wollten erst einmal mit dem anfangen was möglich war. Mein Freund Mathias hatte Mathematik studiert und arbeitete für die Weltraumforschung als Programmierer. Nebenbei hatte er schon Programme für landwirtschaftliche Betriebe geschrieben. Deshalb versuchten wir zuerst solch ein Programm einer Firma aus der Bundesrepublik in der DDR zu verkaufen mit der entsprechenden Computerausrüstung dazu.

Wir merkten allerdings sehr schnell, dass dies alles nicht so einfach war, wie wir es uns vorgestellt hatten. Der Prozess der Wiedervereinigung mit der Einführung der D-Mark ging viel schneller als gedacht, und so sahen wir für unser Unternehmen keine Geschäftsgrundlage mehr und nahmen erst gar nicht die Tätigkeit auf. Ende 1990 beschlossen wir die Liquidierung der Firma. In der Zwischenzeit erhielten wir von allen möglichen Organisationen Schreiben, wie von der Industrie- und Handelskammer, dem Finanzamt, dem Statistischen Landesamt, der Wirtschaftsförderung Berlin, der Magistratsverwaltung für Inneres, und alle hatten Formulare zum Ausfüllen und wollten Geld. Der Gipfel von allen war die GEZ, die mich noch bis zum Jahre 2001 belästigte, da sie trotz ständiger Antwortschreiben von mir, dass die Firma aus dem Handelsregister bereits 1990 gelöscht wurde, immer wieder neue Formulare schickte zur Anmeldung von Rundfunk und Fernsehgeräten.

Leider hat sich an diesem fragwürdigen Unternehmen bis heute nichts geändert. Da werden Studenten, die nie Geld haben, ständig aufgefordert einen Beitrag zu bezahlen, was für eine Kleinkrämerseele!

6. Der Osten wird Westen

Das Ende der DDR

Mit dem 3. Oktober war die DDR Geschichte. Warum ist sie so schnell zusammengebrochen? Hier spielen mehrere Faktoren eine Rolle. Die Menschen wollten nicht länger bevormundet werden. In der DDR gab es keine demokratischen Strukturen, die Partei und das Politbüro bestimmten alles im Leben. Der typische DDR-Bürger hatte mit 40 Jahren alles was man erreichen konnte. Das ging auch mir so, ich war zur Wende 41 Jahre alt, war verheiratet hatte zwei Kinder, eine Neubauwohnung, ein Wochenendgrundstück und ein Auto. Einmal oder zweimal im Jahr konnte man verreisen, aber nur innerhalb der DDR oder in die anderen sozialistischen Länder. Mehr ging nicht und es gab auch keine weitere Perspektive.

Wirtschaftlich wurde es nicht besser, die DDR versuchte mit der Weltwirtschaft mitzuhalten. 17 Millionen Einwohner sollten alles selbst produzieren was der Weltmarkt zu bieten hatte, das konnten oft nur kleine Stückzahlen sein und war unrentabel, die Währung war nicht konvertierbar. Das funktionierte noch in den 50er und 60er Jahren gut. Der Welthandel war insgesamt noch nicht so weit entwickelt. In der Bundesrepublik wurden noch Fernseher, Fotoapparate und vieles mehr selbst hergestellt. Erst mit dem Bau großer Containerschiffe begann in den 70er Jahren die enorme Ausweitung des Handels. Der wirtschaftliche Zusammenschluss der westeuropäischen Länder in die EU funktionierte gut. Anders sah es im östlichen Gegenstück, dem RGW aus. Die Sowjetunion war nicht in der Lage qualitativ hochwertige Waren zu liefern. Fast alle Konsumgüter in der Sowjetunion kamen aus den drei baltischen Republiken. Ein Warenaustausch beruht auf Gegenseitigkeit, aber die Sowjetunion lieferte fast keine Fertigwaren sondern nur Rohstoffe.

In den 80er Jahren verschuldete sich die DDR immer mehr, da sie bestimmte Ausrüstungen für die Betriebe nur im Westen kaufen konnte. So geriet sie immer mehr davon in Abhängigkeit.

Der dritte Faktor war die politische Lage. Erst durch Gorbatschow wurde eine Veränderung möglich. Die Staatsmacht hätte auch hart durchgreifen können, das hatte sie ja 40 Jahre lang gemacht und der Lebensstandard in der DDR wäre immer mehr gesunken, das hatten schon die Sowjetbürger erfahren, es gab immer weniger zu kaufen.

Durch Westradio, Westfernsehen und Besuch von Verwandten wussten die Menschen, dass sie nicht in einem Idealsystem lebten. Anders ist es in Ländern wie Kuba, die das sozialistische System auf dem Rücken der Bevölkerung austragen, mit Lebensmittelkarten, zwei Währungen und sehr geringen Einkünften aber ohne Verbindung zur Welt. Internet und Sattelitenfernsehen sind für die Bevölkerung bis heute verboten!

Durch alle diese Faktoren kam es zum Zusammenbruch der DDR und zur schnellen Wiedervereinigung. Viele der DDR-Bürger wollten die D-Mark und akzeptierten keine längere Übergangszeit. Der Spruch dazu war: "Die D-Mark kommt zu uns oder wir gehen zur D-Mark"!

1989 So sahen manche die neue Freiheit

Diamanten verkaufen

Ein ehemaliger Studienkumpel arbeitete bereits bei der Firma Lach-Diamant in Hanau und gab mir den Tipp dort anzufangen. Ich wurde für den Vertrieb von Diamantwerkzeugen in den neuen Bundesländern eingestellt. Die Bezahlung war wesentlich besser als bei BWF, dazu gab es einen Firmenwagen mit einem Funktelefon. Das war kein heutiges Handy, sondern noch ein Hörer mit Verkabelung im Auto und eine Sendeeinheit so groß wie ein Schuhkarton im Kofferraum. Das Gerät kostete 6000,- DM und die Gespräche waren auch teuer. Nach einer kurzen Schulung in Hanau ging es los auf Kundenfang.

Die Firma Lach-Diamant hatte der Vater des damaligen Besitzers gegründet als kleine Firma mit wenigen Angestellten und Arbeitern. Nach der Übernahme der Firma durch den Junior kaufte der ein Grundstück und baute eine große Werkhalle mit Verwaltungsgebäude darauf, alles auf Kredit. Er selbst saß in einem holzgetäfelten Büro hinter seiner Sekretärin, die auch noch die Personalverwaltung erledigte und hinter zwei gepolsterten Türen. Man kam als Mitarbeiter nicht an ihn heran.

Die Firma hatte ca. 200 Angestellte, es gab auch einen Verkaufsleiter, aber jeder Brief der nach außen ging, musste vom Chef unterschrieben werden. Er hatte die Struktur einer kleinen Klitsche auf einen Mittelständler übertragen und verstand nicht Verantwortung abzugeben.

Auf der Leipziger Messe waren wir auch mit einem Stand vertreten und wir sollten Kunden aktiv an unseren Stand holen. Dies alles war eine gute Verkaufsschulung für mich, aber ich verstand hier die Vorzüge eines Großbetriebes mit klaren Verantwortungsstrukturen.

Für jede Woche mussten Besuchspläne erstellt und diese dann mit einem Bericht zu jedem Kunden abgerechnet werden. Dabei hatten wir jede Woche mindestens 20 Kunden zu besuchen. Das war alles etwas nervig und funktionierte so auch nicht. Die verarbeitende Industrie war in der ehemaligen DDR gerade am Zusammenbrechen und da wurde auch nichts gekauft. Dafür bekam ich dann Schreiben wie: "Sie haben den break-even point noch nicht erreicht". Nach einem guten Jahr war dann Schluss und ich bekam die Kündigung.

Während der Zeit bei Lach-Diamant fuhr ich viel mit dem Auto in Brandenburg herum, um Kunden zu besuchen. Dabei sah ich mir auch das jetzt offene Gelände in Wandlitz an, in dem die hohen Genossen der Staats- und Parteiführung früher wohnten.

Wandlitz mit renovierten Häusern als Rehaklinik

Das Gelände wurde in den 60er Jahren bebaut, mitten in Kiefernwäldern mit einer Mauer und Zäunen sehr gut gesichert. Die Bewohner der Anlage wurden früh mit dem Auto nach Berlin gefahren und abends wieder heim.

Die Strecke führte durch die Greifswalder Straße zur Autobahnauffahrt Pankow. Auf allen Straßenkreuzungen standen immer Verkehrspolizisten, die allerdings bei der Stasi angestellt waren und den Fahrzeugkolonnen freies Geleit gaben. Die Häuser der Straße wurden alle in Ordnung gebracht und die Fassaden waren angestrichen, ebenfalls noch das nächste Haus nach der Ecke. So dachten die Genossen, dass es wohl überall so aussieht. Wer jahrelang dort wohnte, hatte jeden Kontakt zur Bevölkerung verloren, das war das Gefährliche daran. Es standen kleine graue Häuser in der Anlage, schön verteilt mit Terrasse und Waldblick, es gab eine Schwimmhalle und einen Supermarkt mit Westwaren. Das war es dann auch, die Innenausstattung der Häuser war bescheiden, es gab keine goldenen Wasserhähne wie viele vermuteten, kein Westpolitiker würde freiwillig dort wohnen wollen. Heute ist dort eine Rehaklinik für jeden zugänglich, die Häuser sind renoviert und sogar gestrichen.

Arbeitsamt und Arbeitssuche

Nach der Kündigung ging ich zum Arbeitsamt und wollte erfahren, welche offenen Stellen es gab. Da hatte ich falsch gedacht, auf meine Frage nach einer anderen Arbeit wurde gar nicht eingegangen. Das Wichtigste war das Ausfüllen von Formularen um Arbeitslosengeld zu bekommen, ich war ja noch nicht arbeitslos nur gekündigt. Das Arbeitsamt hätte man besser in Arbeitslosengeld-Verteilerstelle umbenennen sollen.

So suchte ich mir besser selbst Arbeit und studierte die Annoncen in der Zeitung. Da gab es zwei interessante Angebote. Die Knorrbremse aus München begann in ihrem alten Werk am Ostkreuz wieder Pneumatik zu produzieren, und das zweite Angebot war der Vertrieb von Wasser- und Wärmezählern in Berlin für die Firma Spanner-Pollux aus Ludwigshafen. Ich bewarb mich bei beiden, stellte mich erst bei der Knorrbremse vor und wurde nach München eingeladen. Mit dem Nachtzug fuhr ich im Liegewagen nachts nach München, stellte mich in der Firma vor, und sah mir am Nachmittag und abends München an. Im Hofbräuhaus speiste ich eine Haxe, solch einen Fleisch- und Knochenberg hatte ich noch nicht gesehen, und mit dem Nachtzug ging es wieder heim. Die Münchener Innenstadt war ab 23:00 Uhr wie ausgestorben. Sicherheitsleute verschlossen die Geschäfte mit Rollgittern. In Berlin gab es das nicht. Das Leben auf dem Kurfürstendamm florierte Tag und Nacht, München entpuppte sich als Provinznest.

Bei der zweiten Firma war das erste Treffen auf dem Flughafen Tegel, der Verkaufsleiter aus Ludwigshafen flog dafür nach Berlin und zusammen mit dem Verkaufsleiter Ost gab es das erste Gespräch. Ich wurde anschließend nach Ludwigshafen eingeladen. Zusammen mit dem Geschäftsführer, dem Personalchef und dem Verkaufsleiter gab es ein zweites Gespräch und ich wurde eingestellt. Das war für mich sehr positiv, ich hatte nun wieder Arbeit, obwohl ich von dieser gar nicht so begeistert war. Was waren schon Wasserzähler im Vergleich zu Werkzeugmaschinen, das war auf den ersten Blick technisch nicht so ansprechend.

Wochenendhaus und Hausbau

Mit der Währungsunion kamen auch die anderen Veränderungen. Unser sicher geglaubtes Wochenendgrundstück war nun nicht mehr sicher. Die Eigentümer des Grundstückes aus Westberlin, ein älteres Ehepaar, meldete sich bei uns, sah sich alles an und teilte uns mit, dass wir vorläufig keine Kündigung zu befürchten hätten. Die Jahrespacht stieg jetzt von ursprünglich 16,05 Mark der DDR auf anfangs 190,- DM bis 900,- € im Jahre 2008.

In der DDR gab es keinen Grundstücksmarkt, da die Preise für Grund und Boden staatlich geregelt waren. Der Quadratmeter kostete zwischen 0,5 und 3 Mark. Etwas anderes durfte im Kaufvertrag nicht stehen. Dafür verkaufte keiner seinen Grund und Boden. Der Verkauf lief nur über Bekannte, im Vertrag stand der vorgeschriebene Wert und zusätzlich übergab man den zehnfachen Betrag in bar. So kaufte ein Kollege ein Grundstück für 30.000 Mark.

So viel Geld hatten wir nicht, und einen Kredit für Schwarzgeldzahlungen war natürlich nicht zu bekommen. Dadurch bauten viele DDR-Bürger ihr Wochenendhaus auf gepachtetes Land, und das waren oft Westgrundstücke um die sich keiner mehr kümmerte. Wer hat denn an eine Wiedervereinigung geglaubt, weder die Politiker im Westen, die immer davon sprachen, noch die DDR-Bürger. Das Schuldrechtsanpassungsgesetz, das den Status der Wochenendgrundstücke regelte, wurde erst 1994 erlassen.

Wir wussten nicht wie es weitergeht und überlegten ein Haus zu bauen. Unsere Bekannten in Biesdorf hatten dasselbe Problem mit dem Grundstück, das wir anfänglich mit aufgebaut hatten. Die Eigentümer, ebenfalls ein älteres Ehepaar, boten unseren Bekannten das Grundstück zum Kauf an. Dadurch entstand die Idee, das Grundstück gemeinsam zu kaufen und ein Doppelhaus darauf zu bauen. Meine Kündigung bei Lach-Diamant erhielt ich gerade an dem Tag, an dem der notarielle Termin zum Grundstückskauf war, ich unterschrieb trotzdem.

Jetzt musste eine Hausbaufirma gefunden werden. Wir hatten uns schon vorher mit dem Thema befasst und so besuchte ich bei Fahrten durch Westberlin immer wieder Hausbaufirmen in Musterhäusern und fragte nach. Die Verkäufer waren meist typische Verkäufer aus dem Westen, sie quatschten den Gegenüber zu, und meinten damit etwas verkaufen zu können. Ich dagegen konnte gut zuhören und die entscheidenden Fragen stellen. Nachdem ich bei zehn Hausbaufirmen war, kannte ich den Markt, wusste alles über die Finanzierung und die Fördermittel und auch die technischen Unterschiede.

So entschieden wir uns für die Firma City Haus, die massiv baute mit Blähtonwänden und einer Verklinkerung außen. In Ahrendsfelde hatten sie ein Feld gekauft und dort ein Musterhaus errichtet, das uns gefiel. Bevor es begann, musste aber noch die deutsche Bürokratie befriedigt werden und die Geldbeschaffung war auch wichtig. Das Grundstück hatten wir voll auf Kredit gekauft. Für den Hausbau gab es eine Förderung von der Wohnungsbaukreditanstalt mit verbilligten Zinsen. Damals lag der Zinssatz der Banken bei 8%. Wir erhielten den Kredit, und mussten uns noch um die Zwischenfinanzierung kümmern. Eine junge Mitarbeiterin, gerade von der Schule gekommen, erklärte mir bei der Sparkasse, dass ich da mit 50.000 D-Mark Kosten rechnen müsste. Die Zwischenfinanzierung ist aber nur notwendig, da der Hypothekenkredit nur in vier Stufen ausgezahlt wird (Keller, Rohbau, Fertigbau, Innenausbau), die Baufirmen aber für jede Bauleistung sofort Geld haben möchten. Die Bank wollte alle Einzelkosten zusammenaddieren und darauf Zinsen bekommen, das lehnte ich ab und forderte, nur für wirklich geliehenes Geld Zinsen zu zahlen. Nach Rücksprache mit ihrem Chef ging das dann auch und so waren die Kosten wesentlich geringer. So zockte man unwissende Häuslebauer ab.

Bauamt und Baurecht

Baurecht ist Ländersache und für Berlin galt die Bauordnung aus Westberlin, an der man noch nichts geändert hatte. In anderen Bundesländern waren schon Veränderungen vorgenommen worden, so wurden bei einer Baugenehmigung für Einfamilienhäuser nur noch die Abstandsflächen und die Größe überprüft aber keine Statik mehr. Was soll auch hier passieren, wenn eine Statik von einem Baustatiker berechnet wurde. Sollte dem Bauherren dann die Decke auf den Kopf fallen, ist er selber schuld und das ging praktisch kaum, selbst bei groben Fehlern. In Berlin galten aber die alten Arbeitsbeschaffungsmaßnahmen der ehemals abgeriegelten Stadt.

Zuerst musste das Grundstück geteilt werden, da wir eigene Häuserteile haben wollten und keine Eigentümergemeinschaft. Der Vermesser kam und es waren mehrere

1.000 D-Mark fällig, die Berechnung ging nach Umfang des Grundstückes. Dann ging es zum Bauamt und die Statikberechnung (ein DIN A4 Ordner voll) zum Prüfstatiker. Dieser erklärte mir, dass er sich die Unterlagen erst ansieht, wenn die vollständige Summe auf seinem Konto ist, also wieder 2.000 DM. Im Bauamt war man mit der "Höhe H" nicht einverstanden. Auf meine Frage was das ist, sagte man mir, dass weiß Ihr Architekt, schöne Hilfe. Es wurde zum Schluss alles geklärt und der Vermesser kam zum Einmessen der Baugrube. Da der Boden aus Lehm bestand, mussten Entsorgungsgebühren dafür entrichtet werden, als ob es Sondermüll ist, wieder mehrere 1.000 DM. Heute wäre ich froh über Lehmboden im Garten. Da der Boden in der Mitte der Baugrube weich war, musste dort ein Graben ausgehoben werden mit einem verstärkten Fundament, das kostete wieder 4.000 DM. Die Kellerplatte wurde gegossen und der Keller aus Betonplatten aufgestellt. Jetzt kam die Filigrandecke aus Betonplatten darauf und eine Menge Armierung. Wieder musste der Prüfstatiker kommen, er meinte, dass zu den Massen an Armierungsstahl an einer Stelle noch etwas mehr hinein gehörte. Ich wollte nur einen Keller mit Decke und keinen Atombunker bauen. So viel Stahl hat nie einer in der DDR für ein Haus verwendet.

So wurde das Haus langsam fertig. Ich stattete der Baustelle jeden Tag einen Besuch ab und kontrollierte den Baufortschritt. Das kann ich nur jedem Bauherrn empfehlen oder er muss einen Bauberater bezahlen, der das für ihn erledigt. Es baute nicht die Firma City Haus sondern immer Subunternehmer, wie üblich auf dem Bau. Da ich das System kannte, vereinbarte ich immer erst dann die Rechnung zu begleichen, wenn die Bauleistung begonnen hatte. Die Baufirma wollte schon vorher das Geld. So war ich sicher, dass ich nichts bezahlte, was nicht geleistet wurde und ich bei einem Konkurs einer Baufirma doppelt zahlen musste. Das war auch beinahe der Fall mit einem Subunternehmer.

Als die Dachdecker kamen, brachten sie nicht mal eine Leiter mit. Die Ziegel wurden per Zuwurf aufs Dach befördert. Ich sah, dass die Dachrinne wenig Neigung hatte und fragte ob das Wasser auch abläuft, natürlich, antworteten die Handwerker, was denken Sie denn? Abends testete ich dies, das Wasser lief in die falsche Richtung. Nach Reklamation bei der Baufirma hatten die Dachdecker nochmals eine Woche zu tun die Mängel zu beseitigen.

Nur so funktioniert Hausbau. Bekannte von uns aus Westberlin kauften später ein neues, fast fertiges Haus in Zeuthen. Bevor sie einzogen, stellten sie erhebliche Mängel fest und reklamierten dies. Es dauerte über zwei Jahre bis sie ihr Geld und die verauslagten Gerichtskosten wieder hatten. Er ist von Beruf Jurist und konnte dies ohne einen Rechtsanwalt machen. Als Normalbürger hat man meist keine Chancen gegen die Baufirmen, die finanziellen Lasten im jahrelangen Streit kann man nicht tragen oder die Firma ist dann pleite.

Den Innenausbau machten wir selber, es war eine harte Zeit neben der Arbeit noch Wände streichen und Fliesen kleben, aber unsere Töchter halfen fleißig mit und man sah erfreut jeden Tag den Fortschritt. Im Dezember 1993 war es soweit und wir zogen ein.

Stasiunterlagen

In den 90er Jahren stellte ich den ersten Antrag auf Einsicht der Stasiunterlagen, aber erst 2012 erhielt ich nach einem nochmaligen Antrag eine Kopie meiner Akten. Die ersten Kontakte hatte ich sicherlich mit dem Studium in der Sowjetunion. Diese Überprüfung muss aber sehr schnell gegangen sein und dazu sind auch keine Unterlagen mehr vorhanden. Bei den Mitstudenten waren natürlich immer so genannte "informelle Mitarbeiter", IM, also Stasizuträger. Ein Mitstudent von Christine wurde auch später Stasioffizier, er war immer ruhig und auch nicht der hellste Kopf. In den Unterlagen fand ich eine Mitteilung über mich von solch einem IM R.Kunz vom 17.04.1973 wörtlich: "Einzelgänger, politisch desinteressiert. Außer mit der Studentin HUMMEL (2.Kurs) hat er keinen näheren Kontakt zu DDR Studenten. Trägt fast immer Westsachen, die er von Verwandten oder Bekannten aus der BRD bekommt. Erhielt auch schon Briefe und Pakete aus WD nach Charkow, in der Regel jedoch über die DDR."

Hier versuchte ein Wichtigtuer Halbwahrheiten zu schreiben, Kleidung, wie Jeans hatte ich aus dem Westen, Briefe oder Pakete bekam ich nie, wenn dann nur über meine Mutter. Westsachen in Lizenzpaketen und ein Einzelgänger und politisch desinteressiert war ich schon gar nicht. Ich hielt mich nur von den überroten Genossen fern, da ich mit deren Ansichten nichts gemein hatte.

Ende der 70er Jahre wurde ich im Betrieb gefragt, ob ich mir vorstellen könnte im Ausland zu arbeiten. Ich sagte erst einmal ja, da wir Auslandserfahrungen hatten. Dann vergingen Jahre und ich hörte nichts mehr davon. 1985 teilte man mir mit, dass ich für die Handelsvertretung der DDR in Moskau vorgesehen war. Unser Leben hatten wir uns in der DDR mit einer Wohnung und einem Wochenendgrundstück eingerichtet, und so sagte ich ab, nach so vielen Jahren wollten wir nicht mehr solch einen großen Umbruch. Hierzu gab es umfangreiche Ermittlungen bei der Stasi. Man befragte Hausbewohner und wertete Unterlagen aus der Kaderabteilung des Betriebes aus. Im Abschlussbericht stehen nur Banalitäten drin. Das Ganze besteht aus mehreren Berichten, wobei der eine immer vom anderen abgeschrieben hat. Wozu das alles, wo wir doch schon einmal fünf Jahre in der Sowjetunion gelebt hatten, was sollte sich geändert haben? In dieser Zeit klingelte eines Tages ein Herr mit einem Ledermantel an der Tür. Er wies sich als Mitarbeiter der Kriminalpolizei aus. Ich wusste im ersten Moment wo der arbeitete, nämlich bei der Stasi. Er hatte einige Fragen zu anderen Bewohnern des Hauses, ob die öfters Westbesuch bekommen. Ich konnte keine Auskunft geben. In Wirklichkeit wollte er sich nur unsere Wohnung ansehen. Darüber stand dann im Bericht: "Der Zobel wohnt mit seiner Ehefrau und seinen beiden Kindern in einer sehr gut eingerichteten 4-Raum AWG Neubauwohnung, welche sich in einem sauberen und ordentlichen Zustand befindet." Die Formulierungen sind völlig abartig, ich bin dabei immer "der Zobel" und nicht Herr oder Kollege.

Die Stasi hatte über 90 Tausend fest angestellte Mitarbeiter, von der Putzfrau bis zu den Stasioffizieren. Nehmen wir mal den Auslandsspionagedienst heraus, den jedes Land hat, fragt man sich wozu das Ganze, um solche schwachsinnigen Berichte zu schreiben? Im Internet tauchten immer mal wieder Listen der Mitarbeiter auf mit Namen, Geburtstag und Jahresgehalt, die wohl ein findiger Administrator 1989/90 aus einem Großrechner der DDR kopiert hatte, diese verschwanden dann aber immer wieder schnell, der Arm der Stasi reicht bis heute und man möchte nicht erkannt werden.

Wasser- und Wärmezähler

Am 2. Mai 1992 begann ich meine neue Arbeit bei Spanner Pollux in Ludwigshafen. Eigentlich sollte ich fliegen, aber bei der Lufthansa streikte man mal wieder, so fuhr ich mit dem Auto. Den Trabant hatten wir verkauft und dafür einen gebrauchten Opel Kadett erworben.

Zwei Wochen hatte ich jeden Tag Schulungen von verschiedenen Mitarbeitern aus dem Verkauf und lernte so alle Produkte kennen, die dort hergestellt wurden und die ich dann in Berlin verkaufen sollte. Während der Zeit wohnte ich in Bad Dürkheim, einen Kurort an der Weinstraße mit dem berühmten Riesenfass. Hier war die Welt in Ordnung, man pflasterte gerade eine Straße neu mit Pflastersteinen, die auch vorher schon dort lagen. Ich konnte zwischen dem neuen und dem alten Stück keinen Unterschied feststellen, man drehte wahrscheinlich nur die Steine um, da sie an der Rückseite noch schöner waren. Die DDR und der Osten waren weit weg, damit hatte man nichts zu tun, man lebte hier in einer anderen Welt. Der Kurpark mit dem Gradierwerk war sehr gut angelegt, es war für mich erstaunlich, wie gepflegt die Menschen hier lebten.

Die Firma Spanner Pollux (SPX) lag in einem Industriegebiet von Ludwigshafen und bestand aus alten Gebäuden. Es sah aus wie in vielen volkseigenen Betrieben der DDR, überall noch etwas angebaut, kein einheitliches Konzept, da war mein früherer Betrieb BWF mit seiner großen Halle ein Musterbetrieb.

Das Unternehmen war für eine Massenproduktion von Millionen Wasserzählern und mehr als 100.000 Wärmezählern im Jahr ausgelegt. Man stellte auch hier fast alles selbst her, nur die Gießerei wurde 1990 geschlossen, da sie veraltet war und die Umweltauflagen zu groß waren für eine Rekonstruktion. Eine große Kunststoffspritzerei stellte alle Zahnrädchen und Gehäuse her, die anschließend zu fertigen Zählern montiert wurden, teils automatisch, teils von Hand. Anschließend erfolgte die Prüfung und Eichung der Zähler. In der Wasserzählerfertigung war das gut organisiert. Anders sah es in der Wärmezählerfertigung aus, besonders bei der Fertigung des Kompaktwärmezählers PolluCom. Es erinnerte mich mehr an eine Bastelbude als an eine Massenfertigung von 100.000 Stück im Jahr. Die Leiterkarten wurden mit zwei SMD-Automaten im oberen Teil der Halle bestückt, unten saßen Frauen an alten Holzschreibtischen (wahrscheinlich aussortiert aus den Büros) und löteten Drähte an und schoben die fertigen Teile in roten Plastikkisten an den nächsten Arbeitsplatz. Später erfuhr ich, dass der Leiter der Wärmezählerfertigung alle Veränderungen blockierte, damit keine Leute entlassen werden sollten, er war im Betriebsrat aktiv.

Der Betriebsrat hatte hier eine sehr starke Position, es ging nichts ohne seine Zustimmung. Insgesamt war alles sehr sozial. Es gab jeden Tag drei Betriebsessen zur Auswahl mit Vorsuppe, Hauptgericht und Nachspeise für 3,- DM.

Im Osten hatten sich dagegen die alten Parteigenossen gewandelt und wollten jetzt den Urkapitalismus einführen ohne soziale Sicherungen. Betriebsessen wurden da mal gleich ganz abgeschafft.

Die neuen Kollegen waren sehr nett. Ich hatte noch nie Berührungsängste mit den Menschen aus dem Westen Deutschlands, schon bei meiner vorigen Firma hatte ich viel mit Westberlinern zu tun. Die Struktur war hier auch so, wie ich sie kannte, bei über 1.000 Beschäftigten waren die Verantwortlichkeiten verteilt. Ich fuhr mit einem guten Gefühl heim und konnte meine Arbeit beginnen.

Büro Berlin

Das Berliner Büro war in einem alten Gebäude in Friedrichshagen an der östlichen Stadtgrenze. Mein direkter Chef war Verkaufsleiter Ost und für das ehemalige Gebiet der DDR zuständig und kümmerte sich besonders um die Kommunalkunden, also die Wasserversorger und Fernwärmeunternehmen, die sehr viele Zähler benötigten. Außerdem verkauften wir noch Zähler über den Großhandel Heizung / Sanitär, das war für Berlin mein Hauptabsatzgebiet.

Im Büro schafften wir uns einen neuen Computer an mit einem Intel-Prozessor 486 und Windows 3.11 und später Windows 95, das war jahrelang der Standard. Ich kümmerte mich um die Rechentechnik.

Wir benötigten auch noch eine Sachbearbeiterin und gaben eine Stellenanzeige in der Zeitung auf. Es meldeten sich weit über 100 Interessentinnen. Wir wählten leider die falsche aus, nichts ging fehlerfrei und so mussten wir die nette Dame bald wieder entlassen. Danach hatten wir aber mehr Glück. Unsere Sekretärin und Sachbearbeiterin war jahrelang bis zur Auflösung des Berliner Büros bei uns beschäftigt, erledigte alle Arbeiten fehlerfrei.

Das Büro hatten wir auf einem Gelände einer Metallverarbeitenden Firma, die zu DDR-Zeiten ein Ratiomittelbau war. Diese gab es überall und sie bauten Sachen nach, die es im Westen meist schon zu kaufen gab. Der Betriebsleiter wollte die Firma bei der Treuhand kaufen. Man sagte ihm ganz klar, wenn er aus dem Westen käme, bräuchte er nur wenig zu bezahlen, aber so verlangte man den Wert des Geländes und der Firma. Er kaufte trotzdem, stellte sogar noch einen Neubau hin und verkaufte ein Teil des Altgeländes. So war das mit der Treuhand, die alle volkseigenen Betriebe rückübertragen oder verkaufen sollten. Unternehmen aus der Bundesrepublik schickten Mitarbeiter nach einer formellen Kündigung zur Treuhand mit der Aufgabe, Industriebetriebe in der ehemaligen DDR günstig zu kaufen. Wenn das erledigt war, kamen die Mitarbeiter wieder zurück in die ehemalige Firma mit dem entsprechenden Dank.

Oft wurden in die neu erworbenen Firmen im Osten nicht die besten Mitarbeiter geschickt, sondern die, die man loswerden wollte, man lobte sie weg und es gab noch eine "Buschzulage", wie die Zulagen für den Wechsel des Arbeitsplatzes in den Osten hießen. Dieses System wurde schon früher in der DDR angewendet, denn man konnte keine Mitarbeiter entlassen, also lobte man diese weg, sie sollten noch mal studieren oder eine höhere Aufgabe woanders übernehmen. Dadurch wurde ein gutes Verhältnis zwischen "Ossis" und "Wessis" nicht gerade gefördert.

Wenn man dann Kundendatei, Konstruktionspläne und die besten Mitarbeiter übernommen hatte, schloss man die Unternehmen und die restlichen Mitarbeiter wurden arbeitslos, so hatte man sich eines störenden Konkurrenten entledigt. Dies war nicht immer und überall so, aber es gibt genügend Beispiele dafür.

Der Anfang bei SPX war erst einmal mit viel Arbeit verbunden. Von der Firma hatte ich eine Kundenliste übernommen und begann alle Kunden aufzusuchen und mich vorzustellen. Das waren neben den großen Kommunalkunden wie die Berliner Wasserbetriebe und die BEWAG auch kleinere Fernwärmeunternehmen, der Großhandel Heizung/Sanitär und die unzähligen Planungsbüros für diese Branche. Gerade die Planungsbüros waren wichtig, damit die Produkte unserer Firma in die Ausschreibungen der neuen Bauvorhaben kamen.

Das Geschäft lief erstmal sehr gut, denn es wurde in Berlin viel gebaut und modernisiert. Mein Gehalt war umsatzabhängig und so verdiente ich in den ersten Jahren gutes Geld. Mit den Außendienstlern in Thüringen und Sachsen konnte ich aber nicht mithalten, die hatten noch viel höhere Umsätze, besonders bei den Kommunalkunden.

Einen Firmenwagen sollte ich erhalten, aber auch das dauerte fast ein halbes Jahr, da Volkswagen nicht liefern konnte und so fuhr ich erst mal mit dem eigenen Auto zu den Kunden. Das rechnete sich, nach einem halben Jahr war der Gebrauchtwagen bezahlt. Das Problem waren die langen Lieferzeiten für die Zähler, da der Nachholbedarf in den neuen Bundesländern enorm war und die Fertigungskapazitäten in Ludwigshafen nicht ausreichten. Auch Angebote blieben bis zu drei Wochen in Ludwigshafen liegen, bis sie bearbeitet wurden. So übernahm ich einen Teil dieser Arbeiten und schrieb die Preise auf die Anfragen, die per Fax kamen per Hand dahinter und faxte diese wieder zurück, wenn ich im Büro war.

Ausstellungen in Moskau und Kiew

1994 war eine Ausstellung in Moskau, an der sich unsere Firma beteiligte. Da ich die russische Sprache beherrschte, flog ich mit dem Vertriebschef nach Moskau. Wir wohnten in einem internationalen Handelszentrum in Moskau mit Hotel, Restaurants und einem Messezentrum. Diese Anlage war noch zu Sowjetzeiten gebaut worden, damit die Sowjetbürger keinen Kontakt zu den internationalen Gästen hatten. Jetzt war es umgekehrt, die internationalen Gäste waren in einer sicher bewachten Anlage, da Moskau zu dieser Zeit recht unsicher war.

Wir waren schon zwei Tage vorher hingeflogen, um uns um den Messestand zu kümmern und alles aufzubauen. Am folgenden Tag stellten wir fest, dass die Kisten mit den Messegütern noch nicht da waren. Die Kisten hatte unsere Tochterfirma Meinicke aus Hannover verschickt, Hersteller von Großwasserzählern, die mit uns auf der Messe vertreten waren.

Nach Auskunft sollten die Kisten noch im Zolllager stehen. Da ich der Einzige war, der Russisch konnte, setzte ich mich in ein Taxi und fuhr zum Zolllager. Hier hieß es erst einmal abwarten, denn die Zollbeamten waren nicht da. Mit einem Mitarbeiter ging ich durch das Lager und fand auch die Holzkisten. In Deutschland hatte man Klebeetiketten an den Sperrholzkisten befestigt, diese waren natürlich nicht mehr vorhanden. Wir hatten früher die Kisten mit Brandbuchstaben versehen, diese konnte nicht abfallen. Ein mitwartender Russe fragte mich ob ich auch genügend Dollarscheine in der Tasche habe, ansonsten bekäme ich die Kisten nie.

Am Nachmittag trafen die Zollbeamten ein, zwei junge Männer. Die Kisten wurden geöffnet und anhand der Lieferpapiere alles kontrolliert, das heißt es wurden die Werbegeschenke kontrolliert. Ich zeigte ihnen Zigaretten, Knirpse, Kugelschreiber und andere Werbegeschenke. Nachdem sich nichts mehr in ihren Taschen verstauen ließ, war die Lieferung ordnungsgemäß und wurde abgestempelt. Die Dollarscheine in meiner Tasche konnte ich behalten, sie waren jetzt nicht mehr erforderlich.

Anschließend wurden die Kisten mit einem Gabelstapler auf einen LKW geladen und wir fuhren zum Messegelände durch die Stadt Moskau. Nur die Farbe hielt den LKW noch zusammen, der muss schon in meiner Studienzeit gefahren sein. Mitten in Moskau passierte es dann auch, das Getriebe verabschiedete sich, und wir standen am Straßenrand. Der Fahrer sollte Hilfe holen und ich fuhr mit dem Taxi zum Messegelände um die Mitarbeiter zu informieren, Handys gab es ja noch nicht in Moskau. Danach fuhr ich wieder zum LKW. Es hatte sich nichts getan, der Fahrer schlief. Nun machte ich Druck und er ging nochmals telefonieren. Dann kam ein anderer LKW, ein leichtes Armeefahrzeug. Umladen ging nicht auf der Straße und wir mussten zum Zolllager zurückfahren. Nun koppelte man den defekten LKW an den anderen mit einer großen Kette an, und zwei Knoten verbanden die Kette, Abschleppstangen waren unbekannt. Mühsam zog der neue aber leere LKW den vollgeladenen, jedes Anfahren war mühselig.

Endlich kamen wir im Zolllager an. Die Staplerfahrer hatten schon Feierabend und wollten die Kisten nicht mehr umladen. Mit einer Stange Zigaretten waren sie dann doch noch dazu bereit. Die Kisten passten nur schwer hinein, da der neue LKW innere Radkästen hatte, es war eben ein geländegängiges Armeefahrzeug. Jetzt ging es mit den Kisten zum Messegelände. Meine Kollegen waren froh, dass endlich alles ankam, am nächsten Tag sollte die Messe eröffnen. Da es bereits abends war fehlte der Gabelstaplerfahrer. Für die gelernten Westler war nun alles zu Ende, aber nicht für mich. Wir leerten die erste Kiste auf ein Drittel per Hand und ließen über eine Menschenkette alles weiter tragen. Das kostete natürlich wieder einige Zigarettenschachteln. Die Kiste wurde anschließend vom LKW geschoben, der Rest entleert und man konnte die anderen Kisten anschießend auf die erste schieben. So hatte ich die Messe gerettet und abends feierten wir dies.

Herr Meinicke, der Miteigentümer und Geschäftsführer unserer Tochterfirma in Hannover war auch da. Er stellte sich bei mir vor und gab mir eine Visitenkarte im Mikroformat. Auf der Hinterseite stand der Text: "Bei Ihren Umsätzen kann ich mir keine größere Karte leisten" Diese Karte gab er gerne Kunden, die mit ihm verbissen um alles feilschen wollten.

Jahre später bekamen wir einen neuen Geschäftsführer. Abends bei einer Außendiensttagung mit Essen und Trinken sprach er mich auf mein Organisationstalent in Moskau an. Er war damals noch Praktikant bei unserer Firma aus Hannover.

Wir führten viele Gespräche am Messestand, aber die großen Kontakte kamen nicht zustande. Abends wurde man am Fahrstuhl zu den Hotelzimmern von zehn hübschen aber käuflichen jungen Damen bedrängt, die ihre Dienste anboten, darauf konnte ich gut verzichten.

Am Tag nach der Messe ging mein Flug erst abends, deshalb fuhr ich zu einem Bekannten, der mit meinem Studienkumpel und Nachbar bei der Weltraumforschung zusammenarbeitete. Ich packte die restlichen Lebensmittel und Kaffee vom Messestand ein, und fuhr zu ihm nach Hause. Er wohnte mit seiner Familie in einer Zweizimmerwohnung in einem heruntergekommenen Neubaublock aus den 70er Jahren. Diese Häuser waren in schlechter Qualität gebaut und danach wurde auch nicht mehr viel daran gemacht. Der Empfang war auf das Herzlichste und wir verbrachten noch einige Stunden, bis ich zum Flughafen musste.

Im selben Jahr war noch eine Ausstellung in Kiew, die von unserer Partnerfirma in der Ukraine organisiert wurde. Diese stellten einen Wohnungswasserzähler in Lizenz her. Ich flog nach Kiew und wurde dort mit einem alten Transporter abgeholt. In Kiew wohnte ich in der Innenstadt in einem alten Hotel. In Deutschland bezahlt man das Hotel erst wenn man abreist, dort wurde gleich meine Kreditkarte verlangt und es musste der Betrag in Dollar vorab bezahlt werden.

Messestand in Kiew

Das Zimmer war dann auch noch dreckig und das Bad uralt. Die ukrainischen Kollegen waren aber sehr nett und wir
verbrachten die Tage mit Wodka, Speck und Räucherfisch.
Die Ukraine hatte schon eine eigene inflationäre Währung
und die Menschen hatten Not das tägliche Essen zusammen zu bekommen, eine sehr schwierige Zeit für die Menschen.

Umsatzverluste

Nach mehreren Jahren war das Leben als Verkäufer zur
Routinearbeit geworden. Ich kannte meine Kunden und
besuchte diese regelmäßig. Nur mein Umsatz ging jährlich
immer weiter zurück. Das lag weniger an meiner Tätigkeit,
sondern mehr an den äußeren Umständen. Die beiden
Stromversorger in Ost- und Westberlin schlossen sich zusammen zur BEWAG und damit fiel ein bisheriger Käufer

von Wärmezählern weg, da die Westberliner BEWAG schon seit Jahren Ultraschallzähler von Siemens kaufte und jetzt für ganz Berlin zuständig war.

Außerdem produzierten wir zu damaliger Zeit noch keinen Wärmezähler auf Ultraschallbasis, sondern kauften den Zähler von Siemens hinzu. Dadurch war die Lieferung von unserer Seite ausgeschlossen, da der direkte Hersteller immer bessere Preise bieten konnte.

Bei den Wasserbetrieben war es ähnlich. Ich konnte nur die Hauswasserzähler anbieten aber nicht die Großwasserzähler, die viel mehr Geld im Verkauf brachten, da diese von unserer Tochterfirma aus Hannover geliefert wurden.

Mein wichtigster Großhändler Buderus zog in einen Neubau in den Speckgürtel von Berlin und so musste ich mir dann den Umsatz mit dem Vertreter in Brandenburg teilen. Das war alles etwas frustrierend und so suchte ich mir Aufgaben, die mich mehr interessierten.

Fernauslesung und Rechenwerksprobleme

Für die Fernauslesung der Zähler verkaufte unsere Firma auch verschiedene Systeme, besonders interessant war dabei die Auslesung über ein M-Bus System, alle Zähler wurden mit einer zweiadrigen Telefonleitung verbunden, und konnten an einer zentralen Stelle mit einem Computerprogramm ausgelesen werden. Die Anfänge waren sehr mühselig, die vorhandenen Zähler hatten teilweise nur einen Impulsausgang oder konnten als Batteriegeräte nur einmal am Tag ausgelesen werden und dann wurde auch nur der Verbrauchswert übertragen. Die Software zur Auslesung war auf DOS-Basis ohne optische Oberfläche geschrieben, für die Kunden nicht befriedigend und schwer zu bedienen. Mit meinem Nachbarn und Studienkumpel entwickelten wir in kurzer Zeit eine einfache Auslesesoftware.

Für die Systemtechnik gab es keinen Verantwortlichen, das lief zwischen Verkauf- und Entwicklungsingenieuren nur in direkter Abstimmung und Unterstützung. Zu den Entwicklungsingenieuren hatte ich einen guten Kontakt und konnte dadurch manche Probleme schnell klären. Der Wettbewerb war teilweise schon weiter als wir und so musste in diesen Bereich investiert werden. Für die Software hatten wir einen Entwicklungspartner aus der Tschechei, der sehr gute Arbeit leistete, da er unsere Produkte kannte, und so wurde für die M-Bus Auslesung ab Mitte der neunziger Jahre eine neue Auslesesoftware entwickelt.

Die 1995 neu entwickelten Wärmezähler Rechenwerke B501 und B101 funktionierten auch nicht so wie sie sollten. Der Abrechnungs- und Verbrauchswert war zwar korrekt und deshalb verloren wir auch nicht die Zulassung für das Rechenwerk, aber die Kunden klagten, dass die Extremwerte und die Monatswerte nicht stimmen würden. Vom Werk wurde immer behauptet, es sei alles in Ordnung und wir sollten die Geräte weiter verkaufen und nicht so viel nachdenken. Da ich ja 15 Jahre lang als Versuchsingenieur gearbeitet hatte, untersuchte ich nun eines der Rechenwerke und stellte die Fehlerursache fest. Der Entwicklungsingenieur im Werk bestätigte es dann bei einem weiteren Versuch. Die Firmware war fehlerhaft, nur konnte man das Problem nicht so einfach lösen, da man keinen frei programmierbaren Mikroprozessor verwendet hatte, sondern einen fest programmierbaren Prozessor, und davon noch tausende Stück im Hause lagen. So bekamen die wichtigen Fernwärmekunden die geänderte Firmware und die Allgemeinkunden, die diese Extremwerte nur selten nutzten, die alte Firmware. Die Zulassung der Geräte war davon nicht betroffen, da diese Extremwerte Zusatzfunktionen waren, die für die Abrechnung nicht benötigt wurden.

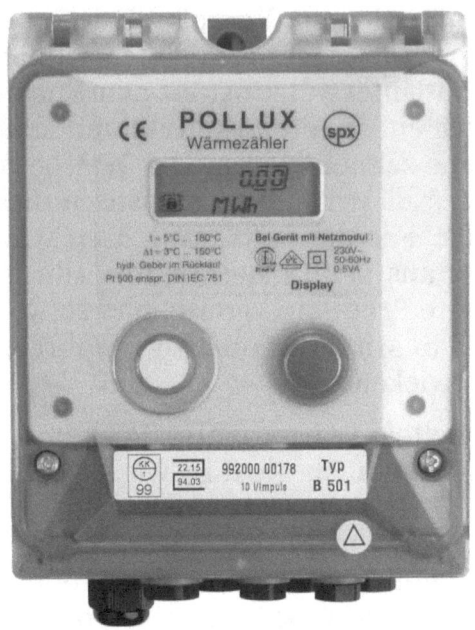

Wärmezählerrechenwerk B501

Außendiensttreffen gab es in den 90er Jahren nur selten, nicht einmal jährlich. Bei Spanner-Pollux war man in eine Selbstzufriedenheit verfallen, da man besonders von den Hauswasserzählern lebte, die in der Herstellung wenig kosteten aber noch zu guten Preisen verkauft oder besser gesagt zugeteilt wurden, da man nicht genug fertigen konnte. Das änderte sich Ende der 90er Jahre und die Umsätze gingen auch bei anderen Zählern zurück.

Im Osten hatte man nur Ingenieure für den Verkauf eingestellt, aber in den alten Bundesländern waren oft kaufmännische Angestellte für den Verkauf zuständig. Solange es nur um Zähler ging, war das kein Problem, allerdings scheiterten viele bei der Systemtechnik, da war technische Beratung erforderlich, die viele nicht leisten konnten. Innerhalb der Firma verstand man diese Probleme oft nicht.

Bei einer Außendiensttagung Ende der 90er Jahre fragt der Mitarbeiter aus Mecklenburg Vorpommern nach einer Internetseite, die wir bis dahin noch nicht hatten. Da gab es gleich eine Belehrung, dass wir doch gerade eine CD entwerfen und er solle lieber Zähler verkaufen, anstatt sich mit dem Internet zu beschäftigen! Das zeigte den Weitblick der Führungskräfte, heute nach 15 Jahren ist eine Firma ohne Internetauftritt nicht mehr vorstellbar.

Das Wärmezähler-Rechenwerk B501 war Anfang der Jahrtausendwende in die Jahre gekommen und sollte modernisiert werden. Ursprünglich hatte man das Gerät so konstruiert, dass der eichpflichtige Teil im Deckel war und man diesen austauschen konnte. Das war eine sehr gute Lösung. Nun hätte man nur diesen Teil überarbeiten müssen und alle wären zufrieden gewesen. Das Gerät hatte aber einen Schönheitsfehler, wenn man den Deckel hochklappte sollte ein Kunststoffteil diesen halten, dabei gab es immer unangenehme Knackgeräusche und teilweise funktionierte dies auch nicht. Deshalb beschloss die Betriebsleitung für das Gehäuse einen Industriedesigner zu beauftragen. Das Ergebnis war ein zweifarbiges Gehäuse, das allerdings technisch völlig unbrauchbar war. Um an die Anschlussklemmen für die Kabel zu gelangen, musste man die Stopfbuchsverschraubungen lösen. Vorhandene Steckkarten lösten sich dabei und fielen heraus, es war eine völlige Fehlkonstruktion, trotzdem baute man das Rechenwerk. Das Gerät hatte eine kapazitive Sensortaste, die sich in der Praxis nicht bedienen ließ. Am Schreibtisch im Büro des Entwicklers funktionierte natürlich alles, dort waren 20°C und der Entwickler brachte 80kg auf die Waage. Im Heizungskeller waren aber oft mehr als 35°C und bei einem Körpergewicht unter 50kg ging dann die Taste nicht mehr, da der Schaltpunkt der Taste nicht mehr erreicht wurde

In der Zwischenzeit hatte man einen eigenen Ultraschallzähler entwickelt. Das Rechenwerk sollte auch für dieses Gerät eingesetzt werden. Dafür war das Rechenwerk viel zu dick gebaut und so entwarf man ein neues Gehäuse für die Rechenwerksserie PolluTherm.

Auch dieses Gerät hatte wieder einige Mängel, die Klappverriegelung ließ sich nur sehr schwer öffnen und das Gehäuse war zu breit. Bei einem Austausch der Geräte gegen ältere B501 waren diese oft nebeneinander an die Wand geschraubt. Jetzt musste man neue Löcher in die Wand bohren um die Geräte zu befestigen. So kann man auch seine Kunden vergraulen, nur nicht nachdenken und ein einfaches Gerät bauen, sondern immer kompliziert und nicht kompatibel. Der Ultraschallzähler von Siemens hatte über viele Jahre immer dasselbe Kunststoffgehäuse. Es war eine einfache Schachtel, die in der Herstellung wenig kostete und für den Kunden immer gleich aussah. Man änderte nur das Innenleben mit neuen Leiterplatten oder einer neuen Software.

Diebstahl Brieftasche

Im November 1998 war ich an einem Freitag wie üblich in unserem Büro. Wir waren umgezogen in ein benachbartes Büro eines Neubaus, das die Metallfirma errichtet hatte. Es war nur noch ein einzelner Raum, in dem wir meist zu dritt saßen. Nachmittags ging ich nach Hause, nahm mein Jackett vom Kleiderständer, der neben der Tür stand, und suchte meine Brieftasche, die nicht zu finden war. Zuerst dachte ich, dass ich diese zu Hause vergessen hatte und fuhr heim. Zuhause suchte ich alles durch und konnte sie nicht finden. Daraufhin ließ ich alle Karten sperren. In der folgenden Woche fuhr ich zur Sparkasse, bei der wir schon seit DDR-Zeiten ein Girokonto hatten. Dort bekam ich einen mächtigen Schreck, als ich feststellte, dass jemand von dem Konto 18.000 D-Mark abgehoben hatte.

Wie sich später herausstellte war der Ablauf folgender: Am Freitagvormittag kamen zwei Männer ins Büro und fragten nach Wasserzählern. Ich erklärte ihnen einiges, sie bedankten sich und gingen wieder. Der Trick war, dass einer sich mit mir unterhielt und der andere an der Garderobe stand und die Brieftasche mitnahm. In der Brieftasche waren zwei EC-Karten von der Deutschen Bank und der Sparkasse, sowie eine Visakarte von der Deutschen Bank und ein Euroscheck der Sparkasse. Anhand der ersten beiden Ziffern der EC-Karte der Sparkasse konnte man die kontoführende Filiale erkennen. Das war schon der erste Fehler im Sparkassensystem. Die Männer fuhren also nach Berlin-Mahlsdorf, schoben die Karte in den Kontoauszugsdrucker und erhielten die Kontoauszüge. Auf den Kontoauszügen stand die Höhe des Dispokredites, das war der zweite Fehler bei der Sparkasse, so etwas druckt man niemals auf einen Kontoauszug. Auf dem Konto war nicht viel Geld, so um die 2000,- DM. Aber die Sparkasse teilte mir im Laufe der Jahre immer wieder mit, dass sie den Dispokredit weiter erhöht haben.

Jede andere Bank gab nur einen Dispokredit in Höhe des zwei bis dreifachen Monatseinkommens, die Sparkasse aber gab einen Dispokredit vom sechsfachen des Monatseinkommens, und er war bei 19200,- DM, der dritte Systemfehler. Ich hatte dies bisher nicht so richtig beachtet, da ich das Konto noch nie überzogen hatte. Es war zehn Minuten vor Eins und die Sparkasse schloss am Freitag um 13:00 Uhr. Einer der Männer ging in die Sparkasse, legte den Eurocheck vor und bekam 18.000,- DM ausbezahlt. Man ließ sich nur den Personalausweis zeigen und kopierte diesen, der Ausweis war natürlich gefälscht. Man hätte mich auch anrufen können, aber darauf kamen die Damen nicht, man wollte ja am Freitag schnell nach Hause. Nun stand ich da mit einem Schuldenberg!

Ich ging zur Polizei und meldete den Vorfall. Die Sparkasse zeigte erstmal kein Entgegenkommen, also nahm ich mir einen Anwalt, der einen gepfefferten Brief schrieb. Darauf erklärte sich die Sparkasse bereit, zweidrittel der Kosten zu übernehmen. Das Drama war aber nach wie vor nicht zu Ende. Die Diebe kauften mit der EC-Karte großzügig ein, z.B. bei Peek & Cloppenburg für 700,-DM. Damals gab es noch das Verfahren, dass man nur unterschreiben musste, es aber keine Kontrolle der EC-Karte gab, das kostete den Händler weniger Gebühren, auch das Internet war noch nicht so ausgebaut. Ich musste dann jedes mal wieder zur Sparkasse und erklären, dass ich das nicht gekauft habe und dann wurde der Betrag zurückgebucht. Eine Auflösung des Kontos ging auch nicht, dazu hätte ich den fehlenden Betrag zurückzahlen müssen, das wollte ich aber nicht. Im Gegensatz dazu erhielt ich nach wenigen Tagen eine neue Visa-Karte und die Sache war dort erledigt. Kreditkarten sind wesentlich besser geschützt, man haftet nur mit geringen Beträgen, dafür muss der Händler mehr bezahlen.

Deshalb akzeptierten sehr viele Jahre die Händler in Deutschland keine Kreditkarten, wie der "Ich bin doch nicht blöd" Mediamarkt und kippen das Geld lieber in abstoßende Werbung. Die EC-Karte ist die gefährlichste Bankkarte, die es gibt. Jetzt ist wenigstens ein Chip auf der Karte aber damals war es nur der Magnetstreifen, eine Kopie der Karte konnte man innerhalb von Sekunden vornehmen. Die Geheimzahl steht verschlüsselt auf der Karte, heute kann man mit einem üblichen PC die Geheimzahl herausfinden, nicht hundertprozentig, aber es bleiben dann 10 bis 20 Zahlen übrig. Die EC-Karte hätte man schon längst abschaffen sollen, aber es läuft alles so weiter und viele denken dann noch, dass es sicherer ist mit der EC-

Karte zur Bank zu gehen, anstatt alles online von zuhause zu erledigen.

Danach habe ich mir eine Direktbank gesucht, die keine Filialen hat und bin bis heute damit sehr zufrieden, Karten und Konto sind kostenlos. EC-Checks sind zum Glück auch abgeschafft und man kann Geld europaweit überweisen, was auch lange schwierig war, selbst nach Einführung des Euro.

Trennung

1999 ging unsere Ehe nach 25 Jahren zu Ende. Christine hatte sich in einen ehemaligen, jüngeren Kollegen verliebt, der bei Hannover in einer Partnerschaft lebte. Man traf sich immer mal heimlich. Da ich nicht sonderlich eifersüchtig bin, bemerkte ich zwar die Abwesenheit, hinterfragte aber nicht die Erklärungen dafür. Nachdem ich noch das Wohnzimmer mit Gipsputz überzogen hatte und es neu gemalert war, sagte sie mir dann, dass sie einen Anderen hat. Das traf mich schon hart, da ich damit nicht gerechnet hatte. Wir hatten uns zwar auseinander gelebt, wie das so ist nach 25 Jahren Ehe. Die Kinder waren außer Haus und jeder ging seinen Interessen nach, aber wir hatten zusammen das Haus gebaut, sind jedes Jahr in den Urlaub gefahren. Uns ging es eigentlich gut. Ich gab ihr Zeit sich zu entscheiden, Fremdgehen war für mich an sich kein Scheidungsgrund. Ich komme aus der 68er Generation und betrachte den Ehepartner nicht als meinen Besitz. Für ein weiteres Zusammenleben muss man sich aber schon entscheiden was man will. Christine wollte mich nicht verlieren, aber auch die neue Beziehung nicht aufgeben, wie stellte sie sich das vor?

Nach einigen Wochen Bedenkzeit bin ich dann zu Ostern in unser Wochenendhaus ausgezogen. Dort war ein kleiner

Ofen, und mit ordentlichem Einheizen konnte man auch über den Winter kommen.

Unsere Kinder Ellen und Heike waren bereits erwachsen. Ellen studierte in Potsdam Biologie und Chemie auf Lehramt. Sie lebt heute in Hamburg und unterrichtet an einem Gymnasium. Heike hatte Optikerin gelernt und studierte anschließend. Sie lebt und arbeitet heute in Berlin. Unsere Trennung hatten sie zuerst nicht verstanden, nach eigenen Erfahrungen können sie heute besser damit umgehen.

Neue Liebe, neues Glück

Mein Leitspruch im Leben ist: "Der Zufall ist mein bester Gehilfe", das heißt man soll nichts erzwingen, aber auch im richtigen Moment zugreifen. Ich war nun erstmal solo, ging zur Arbeit und pflegte den Wochenendgarten. Da ich im Schwimmverein Medizin Marzahn war, ging ich regelmäßig einmal die Woche in Marzahn schwimmen. Evelyn, eine schlanke und hübsche Frau aus dem Verein, erzählte mir, dass sie auf ihrem Wochenendgrundstück in Biesdorf immer mal wieder Wasser im Keller hat. Sie war mir sofort sympathisch, und ich bot ihr eine Tauchpumpe an, da ich gerne anderen helfe. Nachdem alles angeschlossen und der Keller leer gepumpt war, lud mich Evelyn zum Kaffeetrinken ein. Was für ein humorvoller und lebensfroher Mensch Evelyn war. Sie hatte sich gerade von ihrem Freund getrennt, da der sehr unzuverlässig war. So kamen wir uns näher, und ich verliebte mich in sie. Evi hatte zwei Kinder, ihre Tochter Linda, die gerade das Abitur bestanden hatte, und Florian, der jünger war und noch in die Grundschule ging.

Für mich fing ein völlig neues Leben an, Evi war lustig und lebensfroh, ich fühlte mich wie 20 Jahre jünger. Im

Sommer flogen wir mit Flori zwei Wochen in die Türkei, es war furchtbar heiß und man hielt es oft nur im Wasser aus. Die Anlage hatte 4 Sterne aber es wären in Deutschland nicht mal 3 gewesen.

Evi wohnte in einem Plattenbau WBS70 in Marzahn, einem 11-Geschosser in einer 4-Raum Wohnung. Die Wohnung hatte einen langen Flur, von dem die Zimmer abgingen, und einen "Hobbyraum" mit Fenster. Das erste was mir positiv auffiel, es war nicht alles so super ordentlich aufgeräumt, wie ich das von früher kannte, dafür war viel dekoriert, es standen immer frische Blumen auf dem Tisch. Ich fühlte mich wohl und zog im Herbst bei ihr ein. So hatte sich alles zum Guten gewendet. Evi mit den zwei Kindern nahm mich in ihrer großen 4-Zimmer Wohnung auf. Die Platte war kein Problem für mich! Mit den Kindern kam ich gut zurecht, sie akzeptierten mich und ich konnte ihnen auch bei vielem helfen. Linda hatte ein gutes Abitur, war künstlerisch begabt und begann im Herbst Innenarchitektur in Hildesheim zu studieren. Ich baute ihr einen neuen Computer zusammen, damit sie die Voraussetzungen hatte, für den gerade einsetzenden Wandel von Handzeichnungen zu CAD-Zeichnungen und Bildbearbeitung.

Evi hatte zwar einen alten Computer, aber keinen Internetanschluss und das Wissen damit umzugehen war bei allen noch in den Anfängen.

Flori war damals noch sehr verspielt und träumte manchmal in der Schule vor sich hin, so dass wir öfters zu Hause Lernstoff wiederholen mussten und zusammen Hausaufgaben lösten. Ich erklärte ihm immer wieder, dass es doch günstiger ist im Unterricht zuzuhören, da er ja sowieso in der Schule in dieser Zeit sitzen musste, und dafür mehr Freizeit am Nachmittag hätte. Bei der Erarbeitung von Vorträgen zeigte ich ihm, woher man das Wissen schnell erhalten könne, wir hatten die Enzyklopädie von Microsoft auf dem Computer und kopierten daraus Teile für Vorträge.

In den Sommerferien fuhren wir zusammen in den Urlaub nach Italien in die Toskana, sahen den schiefen Turm von Pisa, Florenz und die Türme von San Gimignano, und in die Schweiz an den Vierwaldstäter See. Linda beendete gerade ihr Praktikum in Mailand und so holten wir sie dort ab. Das Auto war auf dem Rückweg übervoll, obwohl wir schon 2 Koffer per Post geschickt hatten.

2003 Linda, Evelyn und Florian in Mailand

Christine reichte die Scheidung ein und so waren wir Ende 2000 geschieden, das war für mich ein Tag der Befreiung. Ich war trotz alledem großzügig zu ihr und überließ ihr Haus und Auto. Die finanzielle Auseinandersetzung wurde vorher in einem Notarvertrag geregelt.

Der Gipfel war dann noch, dass ich die halbe Rechnung des Rechtsanwalts bezahlen musste, der Christine vertrat und mit dem ich nicht ein Wort gesprochen hatte. Wir hatten nur einen Anwalt, da wir uns bis dahin friedlich über alles geeinigt hatten. Da ich nicht zahlen wollte, wurde der Betrag sofort per Lohnpfändung eingezogen, jetzt brach ich jeden Kontakt zu ihr ab. Der Anwalt war ja kein gemeinsamer Anwalt, er hatte nur Christine beraten und ich musste trotzdem zahlen. Da kann ich nur jedem raten sich einen eigenen Rechtsanwalt zu nehmen.

Die Jahrtausendwende und SAP

Es stand die Jahrtausendwende an, die natürlich von allen ausgiebig gefeiert wurde, aber man sollte meinen, dass dies für eine Firma nicht so ein großes Problem sei. Wir hatten wie viele Firmen ein eigenes Computersystem für Verkauf, Abrechnung und Buchhaltung.

Da Speicherplatz in den Anfängen der Computertechnik noch sehr rar war, sparten die Programmierer mit allem nur möglichen, ohne an die späteren Auswirkungen zu denken. So wurde z.B. das aktuelle Datum nicht 8-stellig abgespeichert sondern nur 6-stellig, also z.B. 03.10.99 und nicht 1999. Mit der Jahrtausendwende wäre das Datum in diesem System auf Null gesprungen, also auf 01.01.00. Die fehlende Zahl 19 setzte man einfach als feste Größe davor, so dass das Datum dann als 01.01.1900 geschrieben wurde. Eine Änderung an dem alten System war nur noch schwer möglich. So beschloss man alles auf SAP umzustellen.

Das war einfacher gesagt als getan. Es gab zwar Grundmodule für Verkauf, Abrechnung und Buchhaltung, aber diese müssen jedes mal an die konkreten Bedingungen in den Firmen angepasst werden. Dazu wurden Mitarbeitergruppen gebildet, die für die externen Mitarbeiter von SAP die Aufgaben formulierten. Die Arbeit nahm mehr als ein Jahr in Anspruch, kostete viele Millionen und dann erfolgte die Umstellung. Da funktionierten erstmal viele Sachen nicht, trotz Schulungen der Mitarbeiter. Nach ca. vier Wochen hatte sich alles eingespielt und der Verkauf war wieder wie gewohnt. Heute sind die Firmen völlig abhängig von solchen Systemen. Wenn der Strom ausfällt oder die Leitung zum Server unterbrochen ist, geht nichts mehr, da können die Angestellten nach Hause gehen. Viele Vorgänge sind für den Otto Normalverbraucher, der solche Systeme nicht kennt, auch nicht vorstellbar. Wenn in Firmen ein Produkt vom Kunden zurückgegeben wird, dann kann das Produkt, auch wenn es in Ordnung ist, nicht wieder neu verkauft werden, da man es meistens nicht wieder in das Computersystem eingeben kann. Jedes neue Teil für die Produktion muss im System neu angelegt werden, ansonsten kann man es nicht weiterverarbeiten. Der Vorteil ist, dass vieles automatisch geht und alles nachvollziehbar wird. Wenn ein Teil verkauft wird, werden die Rechnungen nachts automatisch gedruckt, kuvertiert und versendet. Ein fehlender Bestand an Teilen wird automatisch nachbestellt.

Aus Spanner-Pollux über Invensys zu Sensus

Anfang der Jahrtausendwende wurde unsere Firma an ein britisches Unternehmen verkauft. Dieses kaufte dann noch ein großes Unternehmen hinzu und so musste ein neuer Name gefunden werden. Im Jahre 2002 änderte sich auch der Name Spanner-Pollux zu "Invensys". Dass Firmen gekauft und verkauft werden, ist ja in einer globalisierten

Welt normal, aber dass dann auch noch ein lang bestehender Firmenname verändert werden muss, ist völlig unsinnig. Die Herren in den Vorstandsetagen konnten sich auch gar nicht vorstellen, was eine Namensänderung so alles mit sich bringt. Es sind ja nicht nur die Visitenkarten und die Briefköpfe zu verändern, sondern auch die Website, die wir nun endlich hatten, sowie alle Prospekte, Bedienanleitungen und Beschriftungen der Geräte. Das war ein enormer Aufwand. Der Vorteil war jetzt die wesentlich bessere Zusammenarbeit mit unserer Firma in Hannover. Vorher herrschte immer eine Geheimniskrämerei zwischen den Unternehmungen. Es erfolgten auch Investitionen in den Werken. In Hannover wurde eine neue Halle gebaut und in Ludwigshafen die Kunststoff- und Wasserzählerfertigung modernisiert. Nach zwei Jahren war die Aktie des Konzerns nur noch Pennys wert. Die Eigentümer beschlossen deshalb den Konzern nach Branchen neu zu ordnen. So wurden alle Hersteller von Zählern in einem neuen Unternehmen "Sensus" zusammengefasst. Der Name kam von dem amerikanischen Hersteller für Wasserzähler Sensus, der seinen alten Namen noch behalten hatte. So durften wir wieder alles ändern und uns umbenennen, die Firmenleitung saß nun in den USA. Zuerst wurde in Hannover ein neuer Großwasserzähler für den US-Markt entwickelt, da unsere amerikanische Firma immer noch Geräte dort verkaufte, die technisch völlig veraltet waren. Es erinnerte mich ein wenig an die Verhältnisse, die ich aus der Sowjetunion kannte.

Wechsel in ein neues Aufgabenfeld

Die Umsätze, und damit mein monatlicher Verdienst, wurden nicht besser. Mein direkter Chef im Berliner Büro fuhr oft nach Ludwigshafen und wollte sich darum kümmern, aber es passierte nichts, er hatte wohl selber Angst dieses Thema anzusprechen.

Im Laufe des Jahres 2002 wollte ich schon kündigen. Wir überlegten nach Leipzig zu ziehen, und ich hätte vielleicht bei Evis Schwager anfangen können zu arbeiten, der Autositze konstruiert. Da wurde man dann auf mich aufmerksam und bot mir eine andere Arbeit an. Es wurde eine Gruppe aus Anwendungstechnikern aufgebaut, die als Unterstützung für die Verkaufsingenieure dienen sollte um mehr Systemtechnik, wie Fernauslesesysteme zu verkaufen, die Kunden zu schulen und Probleme bei den Kunden zu lösen. Das war eine ansprechende Aufgabe für mich und entsprach auch meinen Fähigkeiten. Mein Gehalt wurde umgestellt auf ein Tarifgehalt und damit konnte ich gut leben.

Das Berliner Büro wurde auch im Jahre 2003 aufgelöst und ich arbeitete seitdem von zu Hause. In der Vierraumwohnung im Plattenbau in Marzahn hatte ich mir die offene Ecke zum langen Flur als Büro eingerichtet. Das war sehr bequem, denn es sparte die Fahrt ins Büro und man konnte viel ruhiger und intensiver arbeiten. Das kam mir sehr entgegen, denn ich hatte jetzt viele Dokumente zu überarbeiten.

Jetzt gab es regelmäßige Treffen in Ludwigshafen und auch in Hannover mit Schulungen und Besprechungen. Die Kollegen in Ludwigshafen und Hannover waren sehr nett und hilfsbereit und ich hatte zu allen immer einen guten Kontakt. Ich verkaufte und installierte nun M-Bus Anlagen und Funksysteme zur Fernauslesung, sowie Datenlogger und anderes Zubehör.

Einige Kunden, wie die Stadtwerke Oranienburg, hatten umfangreiche Auslesesysteme und da war es nicht so einfach, dass immer alles funktionierte. Unsere Zähler machten auch immer wieder Probleme, da es in Ludwigshafen keinen Musterbau und keine Erprobungsabteilung gab, wie ich dies aus der Berliner Werkzeugmaschinen Fabrik kannte. Fehler wurden dann oft erst beim Kunden entdeckt und es mussten anschließend viele Zähler kostenlos ausgetauscht werden. Nur durch den guten Kontakt zu den Kunden konnten diese Probleme gelöst werden.

PolluPlaner Select

1998 brachte man die erste CD heraus mit einem Auswahlprogramm für die Wärmezähler. Das war recht komfortabel, aber man musste das Programm auf dem Computer installieren, was viele Kunden nicht wollten oder konnten. Es war sehr einfach aufgebaut und basierte auf Standardtools. Der Entwickler für dieses Produkt verließ kurze Zeit später die Firma und nahm sein Wissen mit. Jetzt beauftragte man mich mit der Weiterentwicklung. Das eigentliche Programm schrieb unser tschechischer Softwarespezialist und ich sollte die Daten dafür bereitstellen und das Programm testen. Das Problem waren die Druckkurven, die nicht linear verliefen, man musste diese nachbilden über eine Formel in Excel. Dies gelang mir auch und so füllte ich das Programm mit Daten. Das Programm ließ ich von anderen testen, weitere Fehler wurden behoben, bis es einsatzfähig war. Im Jahr 2002 hatte man die erste Produkt-CD herausgebracht mit Prospekten und Bedienanleitungen. Es gab zwar eine selbst startende Oberfläche, die aber nur eingeschränkt funktionierte. Deshalb kam ich auf die Idee einen einfachen Browser zu benutzen, der auf CD's in Computerzeitschriften verwendet wurde. Er startete von CD und man konnte den Inhalt in HTML-Seiten aufbauen und verändern, wie Internetseiten. So entwickelte ich eine umfassende CD in 4 Sprachen mit allen Prospekten, Bedienanleitungen, Preislisten und Ausschreibungstexten sowie dem Auswahlprogramm PolluPlanerSelect aus dem nach dem Namenswechsel der Firma im Jahre 2004 der SensusMeterSelect wurde.

In der Zwischenzeit hatte ich bereits die Bedienanleitungen für die Wärmezähler überarbeitet, sowie die Ausschreibungstexte und die Datanorm-Dateien, die von den Planungsingenieuren benutzt werden.

2004 ließ ich dann die ersten 4000 CDs herstellen für Sensus. Das war ein voller Erfolg, Verkäufer und Kunden waren sehr zufrieden, man brauchte nichts zu installieren, alles startete von der CD aus, die Ansicht war besser als auf der damaligen Internetseite. So brachte ich im Jahre 2005 nochmals eine aktualisierte CD heraus.

Der Chef vom Marketing war ein Engländer, der die Internetseite betreute, die von seinem Bekannten erstellt wurde. Der war darüber überhaupt nicht glücklich, dass ich eine CD herausgebracht hatte, die so gut ankam. Deshalb setzte er alles daran das zu hintertreiben und so ließ er die Internetseite so ändern, dass es ein einfacheres Auswahlprogramm auf der Internetseite gab. Das war auf jeden Fall eine Verbesserung, aber die Seite war immer noch viel zu unflexibel und konnte nur von seinem Bekannten verändert werden. Ein modernes Content Management System kurz CMS, das Mitarbeiter mit Zugriffsrechten mit wenig Programmier- oder HTML-Kenntnissen bedienen können, gab es noch nicht bei Sensus, dies wurde erst 2006 eingeführt. Jetzt war die Pflege der Website wesentlich einfacher, und auch dies gehörte nun zu meinen Aufgaben, die Seite mit aktuellen Bedienungsanleitungen zu versehen, die ich auch meist selbst erstellte. Da kamen mir meine Computer- und HTML-Kenntnisse sehr entgegen, ich kannte die Begrenzungen der Server und wusste wie eine Datei zu benennen war, ohne Umlaute und ohne Leerzeichen, übersichtlich in einem einheitlichen System, das es dann bereits gab.

Schön' Feierabend

Evi arbeitete in der Dekoabteilung im Kaufhof am Ostbahnhof. Das Arbeiten machte ihr immer Freude, sie war dort die Erstkraft, bildete den Nachwuchs aus und ging immer gern zur Arbeit. Eine geborene Dekorateurin, obwohl sie immer wieder bedauerte nicht Lehrerin studiert zu haben. Das wäre wirklich ihre Berufung gewesen, so kinderlieb wie sie war. Mit Neid und Eifersucht anderer Frauen hatte sie schon ihr Leben lang zu kämpfen, logisch bei Ihren Traummaßen, ich Glücklicher. Wie sie mir später erzählte, war sie schon bösartig magenkrank gewesen. Das Mobbing, dem sie ausgesetzt war, merkte man ihr privat nicht an. Sie war wie ich so glücklich, wir hatten uns gefunden.

Leider hatte sie missgünstige Kollegen und Kolleginnen, ihr bisheriger Chef wurde in den Ruhestand geschickt, ein Bayernimport, um den Ostdeutschen zu zeigen wie man arbeiten sollte, war da noch verträglich, er wusste ihre Arbeit zu schätzen, alle Aufgaben erledigte sie ohne Probleme. Somit war das ja auch für ihn zum Vorteil.

Nun war sein Stellvertreter der neue Chef. Er lebte mit einer anderen Dekorateurin aus der Abteilung zusammen. Das Pärchen hatte sich nun Evi als Opfer ausgesucht. Beim Feierabend am Freitag wurde bei ihr die Tasche kontrolliert und man fand 2 T-Shirts. Evi erklärte, dass sie diese vor ein paar Tagen im Warenhaus gekauft hatte und konnte auch die Rechnung am Montag vorweisen. Solche Kontrollen sind üblich im Handel und der Fall wäre damit eigentlich erledigt gewesen. Sie hatte allerdings die T-Shirts nicht in einem dafür vorgesehenen Raum aufbewahrt, der für alle Mitarbeiter offen war, sondern in ihrem Spind.

Da sie jedoch erklärte, dass die Sachen im Aufbewahrungsraum gelegen hätten, was nicht stimmte, wurde ihr

Vertrauensbruch vorgeworfen und die sofortige Kündigung ausgespochen. Evi war geschockt. Sie beauftragte einen Rechtsanwalt, und die fristlose Kündigung musste zurückgenommen werden. Ein Arbeiten unter solchen Verhältnissen war kaum mehr möglich und so nahm sie die Abfindung und blieb erst einmal arbeitslos, bevor sie dann eine Ich-AG gründete. Eine andere Arbeit im Angestelltenverhältnis war nicht mehr möglich, der Beruf ist am Aussterben. Viele ihrer Lehrlinge arbeiten heute in anderen Berufen, schon damals gab es den schönen Witz: "Schaufenstergestalter bei ALDI" einem Discounter, der keine Schaufenster hat.

In dieser Zeit schrieb sie ein Buch über ihr Leben mit dem Titel "Schön' Feierabend", in dem sie humorvoll ihr Leben in der DDR und nach der Wiedervereinigung schildert. Hier habe ich erst mal erfahren, was für ein anstrengendes Leben sie hatte.

Auferstanden aus Ruinen

Im Herbst 2005 kauften wir uns eine neue Küche, da Evi immer noch die originale DDR-Küche hatte. Diese war zwar mit neuer Folie beklebt und einer neuen Küchenplatte versehen, aber war nun mal mehr als 25 Jahre alt.

Nachdem alles renoviert, Küche und Wohnzimmer hatten neues Laminat, und die Küche eingebaut war, fuhren wir an einem Wochenende Anfang Februar in die Therme nach Burg im Spreewald. Das ist sehr entspannend die verschiedenen Saunen genießen und dazwischen ausruhen. Ich las die Wochenendzeitung und da ich schon alles gelesen hatte, sah ich mir den Immobilienteil an. Dort fand ich eine Annonce, dass ein Grundstück in Königs Wusterhausen an einem See gelegen mit einem teilsanierten Haus zu verkaufen sei. Der Preis war nicht zu hoch und so fragte ich den

Makler am Montag an. Mittwochs hatte ich die Adresse und fuhr auf gut Glück hin. Haus und Garten hatten eine wunderschöne Lage direkt an einem großen See.

Das Grundstück war sehr groß und das Haus hatte schon ein neu gedecktes Dach. Feuchtigkeit war nicht im Mauerwerk. Der Eigentümer sah mich und bat mich hinein. Die Holztür zum Heizraum stand offen, und das im Februar. Innen war alles alt und vermüllt. Beim Blick vom Balkon auf den See entschied ich mich bereits das Grundstück zu kaufen. Am Sonnabend hatten wir einen Termin mit dem Makler. Der zeigte uns alles, wir gingen auch durch den Garten, es war eine Graswüste, in der die letzten 20 Jahre nichts mehr gemacht wurde. Im hinteren Gartenteil waren von den ehemaligen Spargelbeeten noch die Hügel übrig. Im Hof stand lauter Gerümpel herum und hinter dem Haus waren auch noch Reste von einem massiven Schuppen. Der Anbau bestand aus ehemaligen Ställen, und war teilweise bewohnt gewesen.

Das Haus mit Anbauten und alten Fundamenten im Garten

Mir war klar, ich kaufe einen Rohbau mit Dach, der Rest musste entkernt und neu ausgebaut werden. Der Eigentümer wurde betreut und da die Verschuldung für ihn zu hoch wurde, kam es zum Verkauf der Immobilie.

Evi war von der Lage auch begeistert und so entschieden wir uns einen Tag später das Grundstück zu kaufen. Wir hatten noch keine Finanzierung dafür, aber da war ja noch etwas Zeit. Die gestaltete sich dann auch nicht ganz so einfach. Wir fragten zuerst bei zwei Direktbanken an, dort erhielten wir aber Absagen ohne Begründung. Die Ursache erfuhr ich später. Da wir das Grundstück zusammen kaufen wollten und Evi selbständig war, wurden wir abgelehnt. Die arroganten Banken geben Selbstständigen keinen Kredit, da sie ja kein regelmäßiges Einkommen haben, was für ein Schwachsinn. Was nutzt mir das Arbeitsverhältnis, in dem ich jeden Tag gekündigt werden kann? Außerdem ist es kein Konsumentenkredit sondern ein Hypothekenkredit, die Sicherheit für die Bank ist das Grundstück, das sich in diesem Fall sehr schnell zwangsversteigern lässt. Die Sparkasse wurde unsere Rettung. Der Herr war sehr nett, verstand unsere Lage und wir erhielten den Kredit.

Ostern war Übergabe des Grundstückes, die Hausmeisterfirma des Maklers hatte noch alles beräumt, mit einem Radlader beseitigten wir noch den groben Rest an Fundamenten und füllten den ersten Bauschuttcontainer. Es sollten am Ende zehn große Container werden.

Evi ist in Leipzig geboren und ihre Verwandten wohnen noch heute alle bei Leipzig. Sie hat zwei Brüder und eine Schwester, die mit ihren Familien noch heute dort leben. Die nette Verwandtschaft hatte ich schon öfters bei Besuchen kennen gelernt, man kann sich immer mit allen gut unterhalten und hilft sich auch gegenseitig. Zu Ostern kam Evis Schwester mit Familie zu Besuch. Wir hatten bisher nichts erzählt und machten einen Überraschungsausflug zu unserem Grundstück. Schwester und Schwager schüttelten nur mit dem Kopf, als sie das Chaos sahen, das war eine Aufgabe für Jahre. Die meisten die sich das ansahen meinten nur, dass sie sich das nicht angetan hätten. Wir waren aber froher Dinge und begannen sofort mit den ersten Arbeiten. Ein Raum im Anbau, in dem schon Heizung war, wurde ausgebaut, so dass man dort übernachten konnte. Es war unsere Basis, Schränke und Betten holten wir aus dem Wochenendhaus, gekocht wurde auf einer zweiflammigen Elektroplatte.

Dann kam zuerst der Garten dran, der wilde Graswuchs musste beseitigt und wild gewachsenes Gebüsch entfernt werden. Ein Elektrorasenmäher erledigte diese Arbeit. Da überall Eisenstangen und anderer Müll im Boden lag, war der Mäher danach Schrott. Eine Motorhacke aus dem Bauhaus erledigte den Rest, der Garten war erstmal begehbar.

Der vordere Teil des Gartens war mit Steinen, blauen Tüten und Metallschrott übersät. Evi arbeitete dort tagelang und grub immer wieder neuen Unrat aus. Wir hatten in diesem Jahr großes Glück mit dem Wetter, es war sonnig und warm.

Da der Garten sehr lang ist, beschloss ich mit einem Minibagger einen Graben auszuheben, um Wasser und Strom zu verlegen, denn das musste jetzt in den Anfängen passieren, später würde niemand mehr den Garten aufgraben. Die Verwandtschaft half wieder fleißig mit und so konnte alles an einem Wochenende erledigt werden. Jetzt erstellte ich eine Aktivitätenliste, wer wann was macht, denn in einem Jahr wollten wir einziehen.

Flori kam im Juni vom Highschool Jahr aus den USA wieder. Wir wollten ihn eigentlich dort abholen, und hatten schon die Flüge gebucht. Dann kauften wir das Grundstück und somit änderten wir unsere Pläne. Wir erkundigten uns erstmal nach einer neuen Schule für ihn und fanden die musikbetonte Gesamtschule in Zeuthen. Dort war gerade Tag der offenen Tür und wir sahen uns alles an. Dann telefonierten wir mit ihm und erzählten ihm, dass er bald woanders wohnt und in eine neue Schule geht. Das war erstmal ein Schock für ihn, aber als er nach Hause kam war er auch begeistert von unserem neuen Haus. Bis die Schule anfing hatte er viel Zeit, gerade keine Freundin und half uns wo er nur konnte. Da er jung und kräftig war, meist mit den schweren Arbeiten. Er wohnte bis in den Herbst im Zelt, das wir im Garten aufgebaut hatten. Als dann die Schule losging, war sein Zimmer fertig. Wir dachten, er würde am Anfang in Marzahn wohnen aber er wollte draußen bleiben, in der abenteuerlichen Atmosphäre.

Das Haus musste erstmal entkernt werden, Holzfußböden im Erdgeschoss wurden komplett entfernt, die Wände im Obergeschoss ebenfalls. Wir wollten ein offenes Haus haben. Was entfernt werden kann und was nicht hatte ich mit einem Bekannten abgesprochen, der Baustatiker von Beruf ist. So füllten wir Container um Container mit Bauschutt.

Dachfenster baute ich ein und die anderen Fenster wurden ersetzt. Das Dach wurde gedämmt und im Herbst kam Unterbeton ins Haus. Nun konnten Elektrokabel, Heizungs- und Wasserrohre verlegt werden. Das Bad oben baute ich im Winter aus, und Flori schliff die freigelegten Balken ab. Im Frühjahr verlegten wir die Dämmung im Fußboden mit der Fußbodenheizung. Im April kam der Estrich rein und danach wurde alles gemalert. Pfingsten 2007 kam der große Umzug und seitdem wohnen wir im Grünen.

Das Haus war natürlich noch nicht fertig, aber wir wohnten schon mal in einer herrlichen Umgebung. Bei einem

Haus mit Garten ist man nie richtig fertig, aber die gröbsten Arbeiten waren nun erledigt.

Das Bauamt

Das Ordnungsamt und das Bauamt mussten uns auch noch behelligen. Da sind einmal die überbürokratisierte deutsche Gesetzgebung und die übergenauen Mitarbeiter, die auch noch meinen sich überall einmischen zu müssen. Wir wollten das Haus in seiner äußeren Hülle nicht verändern. Wir hatten nur neue Fenster eingebaut und dazu die Stürze über den Fenstern erneuert oder bei einigen Fenstern auch vergrößert, aber genau das ist genehmigungspflichtig. Bei einem Mietshaus oder einem öffentlichen Gebäude kann man das verstehen, aber bei einem Einfamilienhaus ist das Blödsinn. So sahen Mitarbeiter vom Bauamt, die ein Grundstück in der Nähe begutachteten, die neuen Fensterstürze und fotografierten diese. Nun musste ich eine vollständige Zeichnung, erstellt durch einen Architekten, gezeichnet mit einem Computerprogramm, farbig ausgedruckt, mit Statikberechnung der Fensterstürze, der Mitarbeiterin vom Bauamt präsentieren. Wir hatten ein altes Haus, das 1923 gebaut und dann noch in den 30er Jahren erweitert wurde.

Eine Kopie der originalen Bauzeichnung hatte ich mir zum Glück schon vorher auf dem Bauamt geben lassen. Es war eine Handzeichnung in Dreiseitenansicht mit einigen Größenangaben und ein Stempel mit der Baugenehmigung, das war alles! Keine Statikberechnung, keine Volumen- und Grundflächenberechnung, nichts weiter und das Haus steht nach 90 Jahren immer noch.

Die Wände wurden aus Ausschussziegeln der damals nahe gelegenen Ziegelbrennerei gebaut, der Mörtel war nur aus Kalk und Sand gemischt ohne Zementanteil, die Fensterstürze waren teilweise nur morsche Bretter und heute wird so ein Wahnsinn verlangt. Ich kannte das ja schon von meinem ersten Bau in Berlin. Mit knappen 2000,- € hatten wir nun die nachträgliche Baugenehmigung für ein Haus das längst schon so verändert war, ohne dass es zusammengefallen war. Trotzdem war die Reihenfolge richtig, erst anfangen und dann die Genehmigung holen falls notwendig. Ansonsten hätten wir erst ein halbes Jahr oder noch später einziehen können, und dann hätten wir ein Mehrfaches an Mietausgaben gehabt.

Wohnungsübergabe

Die Wohnung hatte Evi drei Monate vorher gekündigt. Sie hatte einen DDR-Mietvertrag, der war einfach gehalten ohne viele Rechtsklauseln. Darin stand, dass die Wohnung besenrein zu übergeben ist und das gilt bis heute. Wir machten uns also wenig Sorgen um eine Renovierung der Wohnung bei Auszug. Ein Teil der völlig unsinnigen Renovierungsklauseln in bundesdeutschen Mietverträgen war auch schon durch Gerichte gekippt worden, früher musste der Mieter alles in "Raufaser weiß" übergeben. Der Nachfolgemieter hat dann die Wände wieder anders gestrichen. Nach der Kündigung meldete sich bei uns eine Dame von der Wohnungsverwaltung an, um die Übergabe zu besprechen. Sie sah sich alles an und stellt dann folgende Forderungen auf:

- Der Fliesenspiegel in der Küche muss entfernt werden, die dunkelgrünen Fliesen waren nach ihrer Ansicht schwarze Fliesen, und das wäre nicht vermietbar.
- Im wunderschön gefliesten Bad mit weißen Dekorfliesen sollte alles entfernt werden. An der Decke war eine Verkleidung mit Halogenspotts, die ebenfalls

raus sollten. (Im Originalzustand war eine abwaschbare Tapete an den Wänden mit einer Lampe über dem Spiegel)

- Kabelkanäle, die bei der Sanierung eingebaut wurden, waren von uns überstrichen, ebenso Heizrohre, da sollte ebenfalls die Farbe entfernt werden.
- Die Küchentür fehlte, das war berechtigt, die war in den letzten 20 Jahren abhanden gekommen.
- Der Dekorputz im Schlafzimmer sollte wieder glatt geschliffen werden.

Da wir diese Arbeiten nicht alle machen wollten und auch den Grund nicht einsahen, widersprachen wir den Forderungen. Darauf präsentierte man uns eine Rechnung über 1600,- €, die wir bezahlen sollten. Ich strebte einen Vergleich an, einige Arbeiten, wie das Glätten des Dekorputzes sowie die Entfernung der Deckenverkleidung im Bad übernahm ich, eine einfache Tür, wie sie in der Küche war, kostete im Baumarkt 29,- € und nicht 300,- €, wie im Kostenvoranschlag. So bot ich der Genossenschaft als Vergleich 600,- €. Die beharrten auf ihrer Forderung und verklagten uns, nachdem wir ausgezogen waren. Wir trafen uns also vor Gericht wieder. Die Verhandlung ging zehn Minuten und der Richter fand auch einen Vergleich, der auf meinem Angebot beruhte, wir hatten 600,- € zu zahlen, nur dass die Wohnungsbaugenossenschaft noch die Gerichts- und Anwaltkosten hatte und unter dem Strich leer ausging.

Die Justiziarin der Wohnungsbaugenossenschaft hatte wohl schon öfters solche Niederlagen einstecken müssen, aber sie beauftragte als Rechtsanwalt immer ihren Ehemann und so schanzte man sich gegenseitig Aufträge zu, auch wenn es zum Nachteil für die Genossenschaft war. Wir hatten endlich Ruhe und konnten uns um die weitere Sanierung unseres Hauses kümmern.

Geld verdienen und Hausbau

Es folgten noch viele kleinere Arbeiten in den nächsten Jahren. Mein System war immer nur soviel auszugeben, wie ich auch im Jahr über verdiente, alles ohne Kredit. Wir wohnten ja bereits im Haus und konnten mit den vielen noch bestehenden Unzulänglichkeiten leben. Wir waren sparsam, fuhren zwar im Sommer einmal in den Urlaub, aber meist mit dem Firmenwagen zu einer selbst organisierten Reise. Das ist eben der Vorteil eines Altbaues, man kann die Arbeiten in Ruhe nacheinander erledigen, benötigt nur einen Gesamtplan. Ansonsten reißt man das wieder raus, was man vorher gebaut hat. Evis Tochter Linda hat uns in dieser Phase sehr geholfen und wir haben zusammen diesen Plan erstellt. So wurde das Obergeschoss fertig gebaut mit dem Abschleifen der Dielen und den Malerarbeiten. Es folgte der Anbau des Wintergartens und die Dämmung des Hauses, der Einbau einer neuen Heizung, das Lager und zum Schluss die Sauna. Danach wurde der Hof neu gepflastert und noch ein Terrassendach angebaut. Es waren arbeitsreiche und auch interessante Jahre, die ich nicht missen will. Die Zeit war knapp bemessen, denn alles lief neben der Arbeit, die ich als Geldquelle unbedingt benötigte. Da Evi ihre Arbeit von zu Hause erledigte und Aufträge wie Kinderschminken, Dekorieren und ihre Modenschauen nicht täglich waren, konnte sie viel helfen, den Garten pflegen und mir so den Rücken frei halten. Ich staunte immer wieder was Evi für eine Kraft hatte. Sie war meine Praktikantin im Baugeschehen und konnte bei vielem mit anpacken. So dämmte sie das Dach und wir schraubten gemeinsam große Gipskartonplatten an.

Mit ihren Modenschauen feierte sie später richtige Erfolge. So drehte der rbb für ein Abendjournal ihre DDR-Modenschau auf unserem Grundstück, der ehemaligen

Pennerbude. Früher kleidete sie Schaufensterfiguren und heute lebende Models ein.

Unsere Nachbarn hatten ebenfalls gewechselt, eines Tages unterhielten wir uns am Zaun, dass sie heiraten werden und es dann bei der Feier laut werden kann und wir natürlich eingeladen sind. Wir schauten uns beide an und ich sagte, da könnten wir ja auch heiraten. Vor lauter Arbeit hatten wir nur noch nicht darüber nachgedacht. So gab es eine große Feier über zwei Grundstücke mit einer Doppelhochzeit, mit Bierwagen, Buffet und Tanz. Ein alter verrosteter Zaun wurde noch vorher entfernt, so dass die Grundstücke seitdem offen sind. Leider haben sich unsere Nachbarn wieder getrennt.

Altersteilzeit und Rente

Die letzten Jahre bei Sensus verliefen ruhiger. Ich beschäftigte mich mit Kundenschulungen und Inbetriebnahmen von M-Bus und Funkanlagen, erstellte die Preislisten und Bedienanleitungen für Wärmezähler und Teile der Systemtechnik, überarbeitete die Ausschreibungstexte und die Datanorm-Dateien und pflegte die Internetseite, indem ich Kontakte und Dokumente auf dem neuesten Stand hielt. Die Kombination aus Büroarbeit und Kundenbesuchen war sehr angenehm. In Ludwigshafen und Hannover gab es auch immer wieder Schulungen und an Messen nahm ich natürlich auch teil.

In der Firma wurde die Kundendienstabteilung ausgebaut, so dass vieles besser funktionieren sollte. Aber wenn gerade alles lief, wurde wieder umstrukturiert. Ein Teil der Fertigung wurde ausgelagert, der Kostendruck war einfach zu hoch. Das fing schon in den 90er Jahren an, als ein Teil der Wasserzählerfertigung in ein Werk in der Slowakei verlagert wurde. Anfang der 90er Jahre musste ich noch den

Berliner Wasserbetrieben schriftlich bestätigen, dass die Zähler in Deutschland gefertigt werden. In den letzten Jahren war nur noch der Preis interessant, wo die Produkte herkamen, war egal und man wollte es auch gar nicht mehr wissen. 1992 waren in Ludwigshafen noch 1200 Beschäftigte, 2010 waren es nur noch 650, der Personalbestand hatte sich halbiert. Die Produktion von immer mehr Produkten wird ausgelagert in Länder, die geringere Arbeitskosten haben. Natürlich spielt dabei auch die Rationalisierung eine Rolle. In der Kunststofffertigung stand früher an jeder Maschine ein Arbeiter, jetzt war nur noch ein Einrichter für fünf Maschinen zuständig, der Rest läuft automatisch.

Ich nutzte die Gunst der Stunde und begann mit der Altersteilzeit im letzten Monat, im Dezember 2010. Ein Jahr Arbeit und ein Jahr zu Hause. Ab 2012 war ich dann mit 63 Jahren im Ruhestand und erhielt Rente. Mein Nettoeinkommen hatte sich jetzt halbiert. Der Abschlag von 7,2% auf die Rente wurde zu 75% mit einer zusätzlichen Betriebsrente ausgeglichen. Deshalb habe ich mich auch dafür entschieden, da die finanziellen Verluste nicht so hoch waren. Ich hatte ja auch noch am Haus zu bauen und so kam für mich der Ausstieg aus dem Arbeitsleben gerade recht.

Reisen, Bienen und andere Hobbys

Was macht man so als Ruheständler? Wenn man das ganze Leben nur für die Arbeit gelebt hat, keine Hobbys hat und dann plötzlich zu Hause ist, kann das für viele zum Problem werden. Ich war ja schon zu Hause im Büro und kannte dieses Leben. Ich konnte mich gut umstellen und leide nicht an Langeweile. Im Haus und im Garten ist immer was zu bauen oder zu pflegen, und das mache ich sehr gerne. In den ersten Jahren waren auch noch einige Ausbauarbeiten am Haus notwendig.

Evi und Micha auf den Balearen, Segeln und Radfahren

Jetzt haben wir mehr Zeit zum Reisen und das nutzen wir auch. Wir waren früher nur in Europa unterwegs. So unternahmen wir Reisen nach Ägypten und auf die Seychellen, machten geführte Radtouren auf den Balearen mit einem Segelschiff oder flogen für eine Rundreise nach Kuba um zu sehen wie es wohl in der DDR heute aussehen würde, wenn die Wiedervereinigung nicht gekommen wäre. Kuba ist bis heute abgeschottet, Internet ist für die Bevölkerung verboten, ebenso Sattelitenfernsehen. So ist man mit dem zufrieden was man hat, eine gute Bildung und ein freies Gesundheitswesen, das aber auch qualitativ stark nachgelassen hat. Grundnahrungsmittel gibt es auf Zuteilung und für die eigene Währung, den Peso, gibt es nichts zu kaufen, nur für den konvertierbaren Peso, der einem Dollar entspricht. So liegt der Monatslohn bei 30 bis 50 Dollar. Ein mittlerweile armes Land mit freundlichen Menschen.

Wenn man zu Hause ist, läuft das Leben ruhiger ab, man schläft länger, liest nach dem Mittagessen und nickert dabei auch mal ein.

Zusätzlich haben wir uns Bienen zugelegt und sind Imker geworden. Das ist ein schönes Hobby, das der Natur hilft, man bekommt ein ganz anderes Verständnis für die Natur.

Plötzlich sieht man, wo blühende Pflanzen stehen und wo nur trostlose Gärten sind mit Thuja und ständig kurz geschnittenem Rasen. Bienen sind für die Natur so wichtig und gleichzeitig erntet man auch noch einen wohlschmeckenden Honig, über den sich alle freuen. Solch ein Hobby erfordert aber auch einiges Wissen und eine erhebliche Anfangsinvestition, das sollte man dabei nicht vergessen.

Bienenhaus

Von April bis Juli hat man fast jeden Tag mit den Bienenvölkern zu tun. Mal ist ein Schwarm einzufangen, Ableger sind zu bilden und Honig zu ernten, Rähmchen zu bauen und Mittelwände einzulöten.

Evi entwickelt immer einen großen Ehrgeiz. Unsere Bienen sind ihre Kinder. Sie klettert auf die höchsten Leitern um unsere Bienenschwärme wieder einzufangen.

Wir genießen das Leben so wie es ist und freuen uns jeden Tag, dass wir in einer Gegend wohnen, in der andere Urlaub machen. Wenn das Wetter schön ist, können wir auch noch baden gehen und über den See schwimmen, was will man mehr?

7. Seminargruppentreffen in Charkow 2015

In den letzten Jahren hatte ich wieder Kontakt gefunden zu den ehemaligen Studenten meiner Seminargruppe in Charkow. Zu DDR-Zeiten war es schwierig den Kontakt zu halten, da dies nur über Briefe möglich war, die dann zehn Tage per Post unterwegs waren. Jetzt fand ich über die Internetseite des Institutes einen Dozenten, der ein ehemaliger Mitstudent war. Über Skype wurden die Kontakte wieder aufgebaut, eine fantastische Technik.

Nach 40 Jahren Studienabschluss war es dann im Juni 2015 soweit, und ich flog für eine Woche zum Treffen meiner Seminargruppe nach Charkow. Dieses Treffen führten die ehemaligen Sudenten regelmäßig alle fünf Jahre durch, aber beim letzten Treffen hatte ich noch keinen Kontakt.

Der Flug ging in modernen und bequemen Flugzeugen Boing 737 über Kiew mit einem neu gebauten Flughafengebäude. In Berlin Tegel stieg ein paar Reihen vor mir jemand ein mit einem gelben durchsichtigen Plastesack, in dem Waschpulver und Geschirrspültabs waren. Das sah erst einmal aus wie früher innerhalb der Sowjetunion, wo man alles irgendwie transportierte natürlich ohne jegliche Kontrollen.

In Charkow holte mich Vadim vom Flughafen ab, mit ihm hatte ich fünf Jahre in einem Zimmer gelebt. Nach ein paar Minuten ergoss sich ein Gewitter über uns und die Straßen waren alle überflutet, da Unmengen an Wasser aus den Nebenstraßen, die keine Entwässerung hatten, sich auf die Hauptstraße ergossen. Vadim wohnt mit seiner Frau Natascha in einem Haus, das in den 60er Jahren erbaut wurde. Die Wohnungen sind jetzt Eigentumswohnungen, Mietwohnungen gibt es nur wenige in der Ukraine, aber an der äußeren Hülle des Hauses und im Treppenhaus, also das was bei uns als "Gemeinschaftseigentum" bezeichnet wird, wurde seit dem Bau nichts mehr gemacht, alles in einem furchtbaren Zustand. Die Wohnungen dagegen hat jeder selber ausgebaut, einschließlich der Fenster. In Vadims 3-Raum Wohnung waren ein Parkettboden, den man sonst nur aus alten Schlössern kennt, und dreifach verglaste Fenster eingebaut. Es war ein herzlicher Empfang und wir hatten den ganzen Abend viel zu erzählen.

Am nächsten Tag war das Seminargruppentreffen zuerst im Polytechnischen Institut und danach in einem kleinen Cafe in der Nähe. Nach 40 Jahren sah ich die alten Klinkerbauten wieder, die in einem Park angelegt waren. Eine neue Bibliothek hatte man sehr geschmackvoll dort eingefügt. Die anderen Mitstudenten begrüßten mich auf das herzlichste, und wir hatten nun viel zu erzählen und zu fotografieren. Das ging dann bei Essen und Wodka so weiter. Es war ein freudiger Tag des Wiedersehens. Mein Russisch wurde auch immer besser mit jedem Glas Wodka.

In den nächsten Tagen zeigten mir meine Mitstudenten die Stadt und alle Sehenswürdigkeiten, ich sah mir die Wohnheime an, in denen ich dort gelebt hatte, war in der Uni und auch an dem Lehrstuhl, an dem ich meine Diplomarbeit geschrieben hatte. Es hatte sich sehr viel verändert, und es kamen für mich die Erinnerungen aus der Studienzeit hoch. Meine Innenrundschleifmaschine, an der ich alle Versuche gemacht hatte, gab es nicht mehr, die war verschrottet, an ihrer Stelle war jetzt ein Seminarraum.

Das Wohnheim war in einem bedauernswerten Zustand. Wir hatten noch normal gewohnt, wie es damals üblich war. Nach 40 Jahren ohne Instandsetzung sah es für heutige Verhältnisse einfach schrecklich aus. Die schon damals schlechten Fenster waren heute ohne Farbe immer noch so vorhanden, nur auf einer Etage hatte man sie ausgetauscht.

Studentenwohnheim "Gigant, MBK"

Die Gemeinschaftswaschräume und Küchen waren zwar neu gefliest und mit neueren Gasherden ausgestattet, aber die Flure und Zimmer waren sehr ungepflegt. Dafür müssen die Studenten heute 30,- € im Monat zahlen.

In der Stadt hatte sich viel verändert, alte Gebäude waren restauriert worden und durch neue ergänzt. Die Kirchen strahlten wieder mit goldenen Kuppeln und nehmen nach 70 Jahren verordneten Atheismus wieder eine führende Stellung ein. Die Parks sind alle sehr gepflegt mit vielen Blumenbeeten. Einkaufszentren sind entstanden mit einer Vielfalt von Läden und auch neue Wohnhäuser, architektonisch ansprechend gebaut.

Ich war überrascht, dass sich so viel zum Guten verändert hat. Die Supermärkte sind gefüllt mit allem, was man sich nur vorstellen kann. Importierte Produkte haben denselben Preis wie bei uns. Eigene Produkte, und davon gibt es sehr viele, kosten meist die Hälfte. Tomaten sind richtig sonnengereift geerntet und schmecken auch nach Tomaten, nicht wie die spanischen halb grün geernteten aus den andalusischen Plastezelten.

Charkow hat mittlerweile ein umfangreiches Metronetz. Es fahren noch die alten, klapprigen russischen Waggons und eine Fahrt kostet nur 15 Cent.

Die Kehrseite sind die geringen Einkommen der Menschen. Wer arbeiten geht, verdient noch halbwegs etwas Geld. Mit 60 Jahren gibt es Rente aber diese ist durch den Verfall des Wechselkurses zum Euro oder Dollar immer weniger wert. Der Wechselkurs lag bei meinem Besuch 1 Euro zu 24 Griwna, früher war er mal bei 1 Euro zu 8 Griwna. So beträgt die Rente für Frauen, die mit Kindern zu Hause waren oder arbeitslos wurden, oft nur 75 bis 100 € im Monat und wer das ganze Leben lang gearbeitet hat und auch gut verdient hat wie Vadim, bekommt dann monatlich 250 €. 60 Jahre Renteneintrittsalter ist natürlich zu früh, aber man muss dann auch die durchschnittliche Lebenserwartung mit 71 Jahren in Relation dazu setzen. Und so gehen viele Rentner noch arbeiten wenn es Arbeit gibt, um zu überleben.

Besonders in den letzten zwei Jahren ist der Lebensstandard der Bevölkerung drastisch gesunken. In der Ostukraine schimpfen alle auf den Präsidenten Poroschenko. Sein Schokoladen-Imperium baut er immer weiter aus. Politische Macht versteht man dort als Basis für die persönliche Bereicherung. So haben es auch alle Präsidenten vor ihm gemacht. Man wohnt nicht in einer Stadtwohnung wie Frau Merkel sondern baut sich Schlösser mit allem Luxus. Es ist ein Land der persönlichen Bereicherung auf Kosten der Mehrheit der Bevölkerung. Das Gesundheitswesen ist angeblich staatlich und frei für jeden Bürger, eine Krankenversicherung gibt es nicht. Wenn man zum Arzt geht, muss man allerdings zahlen, Medikamente sind in der Apotheke immer zu bezahlen und bei einer Operation im Krankenhaus verlangt der Arzt auch 200 € oder mehr, die er sich in die eigenen Tasche steckt, sonst gibt es eben keinen Termin für eine Operation. Wer arm ist, hat dann keine hohe Lebenserwartung.

Von der kriegerischen Auseinandersetzung mit den Separatisten im Donbass, die nur wenige Hundert Kilometer entfernt ist, merkt man in Charkow nichts. Allerdings haben die Menschen wenig Verständnis dafür. Es leben viele russisch-stämmige Bürger in diesem Gebiet und anstatt Krieg zu führen, sollte man sich lieber mit den Separatisten auf eine Autonomie einigen. Es sind die verbohrten Nationalisten der Westukraine, die das verhindern.

Auch in Charkow wurden die Lenindenkmäler vom Sockel gerissen, wie Bilderstürmer. Niemand hängt mehr an Lenin, aber sie waren nun einmal da und haben keinen gestört. Die Menschen in der Ostukraine verstehen sich als Bürger eines Landes, der Ukraine, aber nicht als Russen oder Ukrainer, hier baut man künstliche Gegensätze auf, die es nie gab.

ehemaliges Lenindenkmal in Charkow

Die Wirtschaft ist stark verzweigt mit der Wirtschaft Russlands und Weißrusslands, diese drei Länder gehören einfach zusammen, eine Angliederung an die EU ist wirtschaftlicher Blödsinn, da ein großer Teil der Wirtschaft nicht wettbewerbsfähig ist für den Weltmarkt und zusätzliche landwirtschaftliche Produkte braucht niemand in der EU, in der schon jetzt die Bauern ums Überleben kämpfen. Was soll das also? Es ist das amerikanische Großmachtstreben, das auch dieses Land unter seine Kontrolle bringen will und wir Europäer sind dazu noch die Gehilfen. Der IWF vergibt nun Milliardenkredite an die Ukraine mit seinen knebelhaften wirtschaftlichen und politischen Forderungen.

Vadim zeigte mir seine "Datsche", ein richtiges Einfamilienhaus, schön gebaut am Rande der Stadt an einem Stausee. Er hat dort mehrere Jahre gewohnt, das Problem ist die Heizung im Winter. Da dort kein Gas liegt, hatte er die Heizung mit Strom und einem Holz-Kohle-Ofen betrieben. Solange er noch arbeiten ging, war das alles zu bezahlen. Die Strompreise wurden nun stark erhöht (auch eine Forderung des IWF) und nun kann er sich dies nicht mehr leisten. Der Strompreis ist immer noch niedrig gegenüber unseren Strompreisen, aber von der geringen Rente nicht mehr bezahlbar. So vermietet er das Haus im Sommer, um dafür die erhöhten Heizkosten der Wohnung im Winter bezahlen zu können.

Abends wurde ich eingeladen von meinen Mitstudenten, es gab immer reichlich zu essen mit Wodka und vielen Gesprächen. Nach einer sehr interessanten Woche flog ich wieder zurück. Vadim brachte mich mit seinem alten Passat zum Flughafen. Da der Tank leer war, fuhr er noch an eine Tankstelle und tankte zehn Liter und nicht einen vollen Tank, wie bei uns üblich, das Benzin kostet auch 1 Euro pro Liter. Meine Vorstellungen über die heutige Ukraine und das Leben der Menschen hatte sich um einiges verändert. Die Berichte in unseren Medien sind leider nicht objektiv, es wird uns ein falsches Bild vermittelt von den wirklichen Zuständen dort.

Viele wollen mittlerweile weg aus diesem Land, haben aber oft keine Vorstellungen von den Lebensverhältnissen bei uns. Ich werde wieder hinfahren und meine zweite Heimat besuchen. Es sind liebenswerte Menschen, auch noch nach 40 Jahren.

Zeitfracht Medien GmbH
Ferdinand-Jühlke-Straße 7
99095 Erfurt, Deutschland
produktsicherheit@kolibri360.de